성공하는 사람들의
시간관리
습관

성공하는 사람들의
시간관리 습관

유성은 · 유미현 지음

중앙경제평론사

성공과 시간관리는 어떤 관계가 있을까? 성공한 사람들의 시간관리 습관은 과연 어떠했을까? 우리는 시간관리에 대해 제대로 배운적이 없다. 그러다 보니 어떤 때는 시간이 남아돌아서 시간을 낭비하고, 어떤 때는 시간이 부족해 늘 시간에 쫓겨 다니기도 한다.

시간관리는 곧 인생관리이며, 성공을 위한 기본 조건이라고 할 수 있다.

시간관리를 잘하지 못하면 인생에서 결코 성공할 수 없고 인생을 후회 속에서 마무리하게 된다. 현대는 과거와 전혀 다른 시대다. 현대의 통신과 교통은 우리가 따라가지 못할 정도로 삶의 속도를 높였다. 물론 가능성도 엄청나게 많아졌다. 따라서 시간관리 방식도 늘 새로워져야 한다. **일찍이 시간관리의 중요성을 깨닫고 올바른 방법을 배우는 것은 삶에서 가장 확실한 투자다.** 일생 동안 그 열매를 얻고 즐기게 될 것이다.

〈본문 중〉

'바쁘다, 바빠'라는 말을 입에 달고 다니는 사람들이 있는데, 이는 시간관리를 잘하지 못하는 이들의 푸념이다. 누구나 중요한 일에는 늘 시간을 낼 수 있다. '바쁘다, 바빠'라는 말을 이제부터는 결코 사용하지 말고 자신이 무엇을 먼저 해야 할지에 집중하기 바란다. 〈본문 중〉

사람은 대부분 자기가 중요한 일을 하고 있다고 착각하며 살아간다. 자기가 바쁘다고 생각하며 열심히 일한다고 인정받기를 원한다. 하지만 이것은 자기를 속이는 일이다. **실제로 일상의 많은 시간은 중요하지 않은 일 때문에 소비된다.** 사람들은 대부분 우선순위 지향적으로 살아가지 않고 행동 지향적으로 살아간다. 〈본문 중〉

이 책은 성공한 사람들의 시간관리 습관의 공통점을 뽑아서 쓴 일종의 '시간관리 바이블'이라고 자부한다. 필자의 경우 시간관리 전문가 아버지로부터 시간관리 습관을 자연스럽게 배우게 되어 지금까지도 그 습관을 잘 유지하면서 균형 있는 삶을 살아가고 있다. 이러한 비결을 많은 이들에게 공유하고자 한다.

이 책을 통해 평생 배워야 할 가장 중요한 습관인 시간관리 습관을 배울 수 있을 것이다. 그리고 실천을 통해 자신의 것으로 만든다면 보다 행복하고 풍요로운 삶을 살 수 있을 것이라 확신한다.

– 독자들이 시간관리 달인이 되기를 소망하는 저자가

| 차례 |

6장   계획표 짜기

7장   일의 효율과 효과 높이기

8장   일상생활의 관리

9장   비전을 가지고 꿈을 꾸라

10장 좋은 습관 기르기

11장 시간관리의 천재들을 벤치마킹하라

주간계획표 | 일일계획표(A) | 일일계획표(B)

1장

시간

매시간 시계가 똑딱똑딱하는 것은 지금… 지금… 지금이라고 말하는 것이다.

Every time the clock ticks, it says now… now… now.

시간에 대해 생각하기 전에 먼저 삶에 대해 생각해보자.

삶이린 도내제 무엇인가?

테레사 수녀는 삶에 대해서 이렇게 말했다.

"삶은 기회입니다. 이 기회를 활용하여 유익을 얻으십시오.

삶은 아름다움입니다. 이 아름다움을 감탄하십시오.

삶은 더없는 기쁨입니다. 이 기쁨을 맛보십시오.

삶은 꿈입니다. 이 꿈을 실현하십시오.

삶은 도전입니다. 이 도전에 응하십시오.

삶은 의무입니다. 이 의무를 완수하십시오."

삶은 시간으로 구성되어 있다.

시간은 원자재다.

시간을 이용하면 어떤 형태의 삶이라도 창조할 수 있다.

시간에 대해 새로운 통찰력을 갖기 바란다.

시간이란 무엇인가

"이 세상의 모든 사물 중에서 가장 길고도 짧고, 가장 빠르고도 느리고, 최소의 분할과 최대의 확대가 가능하고, 가장 경시되면서도 가장 아낌을 받고, 그것 없이는 아무 일도 하지 못하며, 비천한 것을 모두 삼켜버리고, 위대한 모든 것에 생명의 입김을 불어넣어 주는 것은 과연 무엇일까?"

프랑스의 계몽사상가 볼테르Voltaire가 시간에 대해 한 말이다.

시간은 영원을 측정하기 때문에 가장 긴 것이고, 계획을 실천하기에는 너무 부족하므로 가장 짧은 것이다. 미래의 꿈에 부푼 사람에게는 시간보다 느린 것이 없으며, 현재를 즐기는 사람에게는 시간보다 빠른 것이 없다. 크게 하자면 무한히 늘어나고 작게 하자면 한없이 쪼갤 수 있다.

누구나 경시하면서도 손실을 아까워하고 그것 없이는 아무것도 할 수 없다. 그것은 또한 자손에게 권할 가치가 없는 것을 모두 망각의 세계로 매장해버리고, 진정으로 위대한 행위에는 영원성을 부여한다. 정말 공감이 가는 글이다.

시간時間, time이란 무엇인가? 사전의 정의를 살펴보면 시간이란 '시각時刻과 시각 사이의 간격 또는 그 단위'다. 하지만 사실 시간은 정의를 내리기 아주 어려운 실재다. 그래서인지 종교가, 물리학자, 우주학자, 경영학자, 생활인 모두 시간을 각각 다르게 정의했다.

신학자 어거스틴Augustin은 "아무도 나에게 시간에 대해서 묻지 않는다면 나는 그것을 알고 있다. 그러나 시간이 무엇이냐고 묻는다면 나는 그것을 설명할 수 없다"라고 말하기도 했다.

종교가는 시간이란 '신이 매일같이 주시는 감사한 선물'이라고 한다. 물리학자는 시간을 '물리량으로서 객관적으로 정해지고 길이, 질량과 함께 다른 물리단위를 구성하는 기본단위'라고 한다. 우주학자는 시간을 우주 형성의 기본 요소 두 가지 중 하나라고 주장한다. 즉, 이 우주는 시간과 공간으로 형성되었다는 것이다. 경영학자는 '시간은 중요한 경제적 자원'이라고 한다.

이처럼 시간은 정의하기가 매우 어렵지만 우리는 시간의 본질에 대해서 좀 더 잘 알려고 노력해야 한다. 시간의 본질을 잘 파악할수록 시간관리를 잘 할 수 있기 때문이다.

그렇다면 시간은 과연 어떤 특성을 가지고 있을까? 시간의 주요한 특성에는 다음과 같은 것들이 있다.

시간은 신비하다 ————————————

우리는 시간을 달력과 시계로 재지만 시간의 기한을 우리의 척도로는 다 잴 수 없다. 즉, 시간이 어디서 시작되고 어느 지점에서 그친다는 것을 추측할 수도 없고 자로 잴 수도 없다. 시간의 정체를 파악하기는 불가능하다. 그럼에도 사람들은 그 나름대로 시간의 모습을 말한다.

예를 들면 '시간은 바람과 같다(보이지 않기 때문에)', '시간은 1회용 라이터와 같다(다시 사용하지 못하기 때문에)', '시간은 애인과 같다(좋기 때문에)', '시간은 금강산과 같다(계절에 따라 모습이 달라지기 때문에)' 같은 것들이다.

영국의 철학자 토머스 칼라일Thomas Carlyle은 '시간은 기적'이라고 했다. 시간은 창조주가 창조하고 그분만이 이해할 수 있는 신비적 실재라고 말할 수 있다.

시간은 귀중하다 ————————————

시간이 귀중하다는 사실을 부인할 사람은 없다. 그래서 '시간은 돈이다Time is money'라고도 한다. 또 '시간은 황금이다Time is gold'라는 말도 있고, '시간은 생명이다Time is life'라는 말도 있다.

모든 시간은 가치가 있다. 유료주차장에 차를 세워두면 시간의 경과에 따라 돈을 지불해야 한다. 해외로 또는 해외에서 전화통화를 할 때 통화시간에 따라 요금이 계산된다. 은행에 돈을 맡기면 맡긴 기간에 따라 이자를 받을 수 있다. 텔레비전의 광고료는 초단위로 계산된다.

시간은 그 자체가 돈이다. 또 다른 사물을 활용하게 하는 자료이기 때문에 이중자원二重資源이라고 할 수 있다. 세상에는 소중한 것이 많지만 21세기 최대 자원은 시간이라고 말한다.

시간은 제한된 자원이며 누구에게나 동일하게 주어진다

시간은 하루 24시간으로 정해져 있다. 별로 중요하지 않은 일을 하는 데 시간을 많이 쓰면 중요한 일을 할 시간은 상대적으로 줄어든다. 시간은 또한 누구에게나 똑같은 분량이 주어진다.

시간은 계속 흘러간다

시간은 강물과 같이 끊임없이 흘러간다. 그리고 흐르는 속도는 늘 일정하다. 하지만 우리가 몸으로 느끼는 시간의 속도는 다르다.

재미있는 일에 몰두할 때는 시간이 쏜 화살처럼 빨리 날아간다고 느낀다. 반면 지루한 일이나 괴로운 일을 할 때는 시간이 매우 느리게 가는 것처럼 느껴진다. 시간은 일정한 속도로 가는데 우리가 주관적으로 빠르게 지나간다거나 느리게 흐른다고 인식할 뿐이다.

시간은 일회적이다

어제와 오늘은 똑같이 24시간이지만 그 시간의 질은 다르다. 시간은 일회적이다. 한번 흘러간 시간은 두 번 다시 돌아오지 않는다. 그래서 우리 인생도 일회적이다. 돈은 저축할 수 있지만 시간은 결코 저축할 수 없다.

시간은 또한 쓰지 않아도 사라진다. 그러므로 주어진 시간을 그때그때 유효하게 사용해야만 시간을 잘 관리할 수 있다. 시간은 바로 '현재'이기 때문이다.

시간은 기회다

시간 속에는 무한한 기회가 숨어 있다. 아무리 좋은 재능과 자원을 가지고 있어도 그것을 적절하게 활용할 공간인 시간이 없으면 어떠한 성취도 할 수 없다.

시간은 힘이 세다

시간은 모든 것을 변하게 한다. 소년을 노인으로, 미인을 할머니로 만든다. 시간은 많은 사람을 태어나게도 하고 죽게도 한다. 시간은 한 나라의 흥망성쇠도 좌우한다. 시간은 권력자를 권좌에서 밀어내고 모든 것을 변질시킨다. 이처럼 시간은 지구상의 어떤 존재보다도 힘이 강하다.

시간은 결과를 가져온다 ────────────

　추수철이 되면 농산물을 거두어들이듯이 일정한 시간이 지나면 결과를 얻는다. 누구나 그 결과에 따라 평가를 받는다.

　시간은 인간에게 책임을 묻는다. 시간이 지나면 그동안 이룬 것들에 대해서 시간은 심판을 한다. 그러므로 우리는 흐르는 세월과 시간 앞에서 겸손해야 하고 각자 임무를 다해야 한다.

크로노스와 카이로스

그리스어 중에서 시간을 나타내는 대표적인 말이 크로노스Chronos
와 카이로스Kairos다. 지금도 우리는 여전히 이 시간개념을 잘 사용
하고 있다.

크로노스는 시계와 달력으로 잴 수 있는 모든 시간의 단위를 의
미하며 보편적이고 객관적인 시간개념이다. 기초단위는 초秒이다.
크로노스에 관한 질문은 이런 것들이다. '얼마나 오래?', '얼마나 자
주?', '얼마나 빨리?' 그리고 이런 질문에 대한 답은 시계나 달력의
숫자여야 한다.

우리가 원하든 원하지 않든 이 세계는 시계와 달력을 중심으로 움
직인다. 그래서 크로노스 시간개념은 중요하다. 1분이 지나면 또 다
른 1분이 온다는 시간의 연속선상에서 살고 있기에 우리가 마음놓
고 살아갈 수 있는 것이다. 시계 때문에 압박을 받기도 하지만 반면

시계를 잘 활용하면 우리에게 매우 유익하다.

돈과 같이 시간도 넉넉한 편이 좋다. 그래야 무엇이든 느긋하게 할 수 있고 삶도 즐길 수 있다.

크로노스는 양적인 시간개념인데 이것을 잘 파악하는 것이 중요하다. 노동은 시간의 양에 따라 그 대가를 받는다. 시간은 자원이자 돈이다. 그래서 절약할 수도 있고 낭비할 수도 있으며, 소유할 수도 있고 예산을 세울 수도 있다.

물론 다 써버릴 수도 있고 투자할 수도 있다. 주어진 과업을 짧은 시간에 완수할 때 '생산성이 높다'거나 '효율적이다'라고 말한다.

비범한 사람은 남보다 부지런하고 노력을 많이 한다. 그는 시간을 많이 투자하는 것이다. 세계적인 경영사상가 말콤 글래드웰Malcolm Gladwell은 "당신은 당신의 일에 1만 시간을 쏟아부었는가? 아니라면 성공을 말하지 말라"라고 했다. 어떤 분야든 숙달되기 위해서는 하루 3시간씩 10년의 노력이 필요하다는 것이다. 꾸준히 노력하면 기회도 따라온다. 준비된 자만이 기회를 잡을 수 있다.

영국의 정치가 처칠Winston Churchill은 포기하지 않은 사람의 대명사다. 그는 초등학교 때 공부에 흥미도 없었고 성적도 최하위였다. 주위 사람들은 아무도 멍텅구리 처칠이 자라서 세계적인 인물이 될 것이라고 생각하지 못했다. 그러나 그는 엄청나게 노력해서 위대한 사람이 되었다.

그는 초등학교 때 어떤 깨달음이 있어서 다음과 같은 세 가지 원칙을 정하고 꾸준히 실천했다. 첫째, 나는 반드시 하루에 5시간씩 책을 읽는다. 둘째, 나는 몸을 튼튼히 하기 위해 매일 2시간씩 운동한다. 셋째, 나는 아무리 기분 나쁜 일이 생겨도 마음 상하지 않고 늘 밝게 웃는다.

그는 매일 5시간씩 책을 읽어서 바보에서 천재로 변신할 수 있었다. 그는 아무리 바빠도 매일 2시간씩 반드시 운동을 했다. 매우 건강해지자 과거에 자기를 괴롭히던 친구들이 감히 덤벼들지 못했다. 전쟁 중에는 건강의 덕을 톡톡히 보았다. 그는 지치는 기색 없이 전쟁을 치를 수 있었다.

그는 매일매일 밝게 웃으면서 살았다. 그러자 좋은 일이 계속 생겼다. 성적도 쑥쑥 올라가서 사관학교에 들어가게 되었고 20대에 국회의원이 되었으며 총리도 두 번이나 하게 되었다. 그리고 많은 사람의 선망의 대상인 노벨상도 받았다.

크로노스와 전혀 다른 시간이 바로 카이로스다. 카이로스는 양적인 시간이 아니라 질적인 시간이며, 주관적인 시간이다. 카이로스는 '적절한 순간'을 의미한다. 카이로스에 관한 질문은 '언제?', '정확한 시점은?'이다. 기회나 위기는 카이로스에 속해 있는 시간개념이다. 카이로스는 순간 속에 많은 시간이 압축되어 있다.

타이밍은 카이로스다. 타이밍을 잘 잡으면 크게 성공할 수 있고 돈도 엄청나게 벌 수 있다. 타이밍은 비즈니스의 결과, 일상생활이나 인생의 충실도에 큰 영향을 미친다. '어느 타이밍에 말하고 행동할 것인가?'를 깊이 생각하고 행동하는 것이 현명하다.

아주 좋은 때는 모험을 해볼 만하다. 하지만 때가 좋지 않을 경우에는 말도 행동도 삼가는 것이 좋다. 시대를 잘 타고나야 크게 성공한다. 흔히 행운아라고 여겨지는 사람들은 시대를 잘 타고나서 타이밍을 잘 잡은 이들이다.

일을 할 때든 사람을 만날 때든 적절한 타이밍을 살피는 것이 중요하다. 아무 때나 무턱대고 열심히 하는 것은 지혜롭지 못하다. 열심히 하는 것도 중요하지만 그것보다 우선하는 것은 타이밍이다. 똑같은 행동이라도 적절한 시점이냐 아니냐에 따라 결과가 엄청나게 달라진다.

그러므로 좋은 시기를 분별하는 안목을 길러야 하며 좋은 시기를 놓치지 않도록 항상 오감을 예민하게 작동해야 한다. 항상 마음속에 '그것이 중요한가?'라는 질문을 담고 있어야 한다. 일상생활에서 지극히 사소한 행동도 타이밍이 맞는지 살핀 다음 하는 것이 좋다.

현인 솔로몬Solomon은 "만사에는 때가 있다"라고 했지만 어떤 때가 제일 좋다고는 말하지 않았다. 그것은 상황에 따라 달라지기 때문이다. 집을 살 때 지금 사는 것이 좋은가, 1년 뒤 사는 것이 좋은가? 사업을 할 때 당장 하는 것이 좋은가, 3년 뒤 하는 것이 좋은가? 결혼도 젊어서 하는 것이 좋은가, 경제적으로 안정된 뒤 하는 것이 좋은가? 이는 각자 판단할 문제다. 하지만 결과는 매우 다르게 나타난다.

그러면 크로노스와 카이로스의 연관성은 없을까? 분명히 있다. 크로노스가 충분히 채워져야 카이로스를 붙잡을 수 있다. 그러므로 카이로스를 '충만한 시간'이라고 말할 수 있다.

건전한 시간의식을 기르려면 먼저 크로노스와 카이로스를 분별하는 능력을 길러야 한다. 크로노스와 카이로스에 대한 감각을 익히면 시간관리 능력도 향상된다.

크로노스 감각과 카이로스 감각을
실생활에 적용하기

위의 두 시간 개념을 잘 활용하면 매사에 성공할 수 있다. 크로노스 감각과 카이로스 감각을 부단히 기르기 바란다.

각종 계획이나 계획표를 짤 때 반드시 크로노스와 카이로스라는 시간 개념을 이용하기 바란다. 즉, 언제 그 일을 시작해야 하며(카이로스) 시간이 어느 정도 필요한가?(크로노스)를 고려한다. 때는 모든 사물의 가치를 결정한다. 그러므로 계획표를 짤 때 먼저 카이로스를 생각해야 한다.

- 각각의 일이 얼마나 걸릴지 예측하고 시간을 할당한다(크로노스).
- 시계, 달력, 수첩을 사용한다(크로노스).
- 시간은 제한된 자원이므로 아껴 쓴다(크로노스).

- 중요한 일에는 시간을 집중적으로 투자하고, 시시한 일에는 시간을 투자하지 않거나 최소한만 투자한다(크로노스).
- 새로운 것을 배울 때는 성급하게 결과를 추구하지 않는다(크로노스). 시간과 돈과 노력을 적당량 투자해야 일이 이루어진다. 그러니 기본부터 차근차근 익혀라. 이것은 운전, 악기, 외국어를 배울 때 모두 적용된다.
- 시간의 노예가 되지 않으려면 가끔은 시계를 보지 말아야 한다(크로노스).
- 마감에 쫓기지 말고 잘 준비된 과정에 따라 일한다(크로노스).
- 최상일 때 노력을 최대한 집중한다(카이로스). 그러면 기회를 잡을 수 있다.
- 지금 이 순간에 집중한다(카이로스).
- 때가 나쁘면 좋은 때가 올 때까지 참고 기다리는 것이 상책이다(카이로스). 때가 나쁠 때는 실패하기 십상이다. 경기가 불황일 경우 새로운 사업을 시작하는 것은 무리다.
- 짧지만 의미 있는 연설(카이로스)을 하는 것이 길고 지루하게 느껴지는 연설(크로노스)을 하는 것보다 낫다.
- 몹시 피곤할 때, 안개가 끼었을 때, 눈이 많이 올 때, 비가 많이 올 때(카이로스)는 특별한 때이므로 운전하면서 조심해야 한다.
- 적시에 결단을 내려라(카이로스). 우물쭈물하면 기회를 다 놓친다. 사업상 결정을 잘해야 한다. 경험과 직관을 잘 이용해 결단해야 한다.
- 적시가 아니면 말하기를 자제하라(카이로스). 말을 할 적절한 때가 따로 있다.
- 언제 시작할지 그 시점을 잘 정하라(카이로스).

- 제때에 제 일을 하라(카이로스). 성급하게 행동하거나 게으름을 피우는 것은 좋지 않다.
- 결정적인 순간을 찾아라(카이로스). 모든 것을 바꿀 수 있는 새로운 전기를 살펴라. 이 기회를 잡으면 경기에서 역전승할 수 있다. 그리고 인생역전도 가능하다.
- 인내하면서 호기를 기다려라(카이로스). 지금이 가장 나쁜 시기라면 더욱 그렇게 해야 한다.

5분은 긴 시간이다

사람들은 대부분 5분이라는 시간이 주어졌을 때 그냥 흘려보낸다. 짧은 시간이기 때문에 무심코 흘려보내는 것이다. 하지만 5분은 아주 긴 시간이다. 이 사실을 깨닫지 못하면 결코 시간관리 요령을 터득할 수 없다.

2002년 월드컵에서 우리나라 축구팀이 이탈리아팀과 16강전을 치를 때 안정환 선수는 지옥과 천국을 동시에 경험했을 것이다. 전반전 때 얻은 페널티킥을 실축했을 때 그는 시간을 되돌리고 싶었을지도 모른다. 하지만 연장전에서 종료 2분을 남겨놓고 골을 넣었을 때 그는 말로 다할 수 없는 환희를 느꼈을 것이다.

이처럼 스포츠에서 5분은 아주 긴 시간일 뿐만 아니라 승패가 갈릴 수도 있는 중요한 시간이다. 100미터 경기에서는 기록을 0.1초만 단축해도 순위가 왔다 갔다 한다. 그래서 선수들은 기록을 조금이라도 단축하기 위해 훈련에 훈련을 거듭한다.

탁구 경기에서는 0.01초 차이로 받을 수 있는 공과 받을 수 없는 공이 결정된다고 한다. 이는 비단 운동경기뿐만이 아니다. 응급환자, 시험을 치르고 있는 수험생, 불을 끄고 있는 소방대원, 비행기 조종사에게도 5분은 엄청나게 긴 시간이다.

몇 해 전 한 방송국의 PD들을 위해서 강의를 한 적이 있다. 강의 도중에 5분의 가치를 말해보라고 했더니 한 PD가 다음과 같은 이야기를 했다.

"제가 몇 년 전 입사했을 때 일주일 동안 5분짜리 프로그램을 만들라는 과제를 받았습니다. 일주일 내내 단 5분 동안 방영될 프로그램을 만드는데, 그전에는 5분이 그렇게 긴 시간인 줄 몰랐습니다."

시간에 대해 새로운 시각을 가져야 한다. 지금껏 아무 생각 없이 흘려보낸 5분은 아주 긴 시간이다. 15분은 5분보다 훨씬 더 긴 시간이다. 우리에게 매일같이 주어지는 하루라는 시간이 얼마나 길고 소중한지 잊지 말자.

1초도 매우 중요하다

시계 시간의 단위는 초秒다. 사람들은 일상생활에서 1초를 거의 의식하지 않고 흘려보낸다. 하지만 1초는 결코 우습게 볼 시간이 아니라는 것을 알아야 한다. '눈 깜짝할 새'라는 말을 하는데 그 시간은 0.2초다. 1초에 일어날 수 있는 일은 상당히 많다.

총알이 900미터를 날아가 표적을 맞히는 시간, 달리는 승용차가 40미터를 갈 수 있는 시간, 자동차 충돌사고 10건을 예방하는 시간, 두꺼비의 혀가 지렁이를 낚아채는 시간, 투수 손을 떠난 공이 배트에 맞고 다시 투수에게 날아가는 시간, 재채기 때 터져 나오는 침이 공기저항이 없을 때 100미터 날아가는 시간, 땅을 적시는 비 420톤이 내리는 시간이다. 최근 칼텍 연구팀은 1초에 사진 '70조 장'을 찍을 수 있는 초고속 카메라를 개발했다.

올림픽에서 1초는 하늘과 땅 차이라고 할 수 있다. 올림픽에 출전하는 선수들에게는 0.01초도 의미가 대단히 크다.

2012년에 열린 런던올림픽에 출전한 우리나라 신아람 선수는 펜싱 여자 에페 개인전 준결승에서 심판이 정해진 시간보다 1초를 더 주는 실수를 범하는 바람에 눈물을 삼켜야 했고, 이를 지켜보던 우리 국민은 분노했다. 이 경우 1초는 참으로 길고 긴 시간이었다. 런던올림픽 때 여자 400미터 허들경기 중계방송을 보았는데 1등과 2등은 단 0.07초 차이였다.

1초를 더 쪼개면 1,000분의 1초인 밀리초, 100만분의 1초인 마이크로초, 10억분의 1초인 나노초가 된다. 인공위성에 달린 시계가 1마이크로초라도 틀리면 자동차 내비게이션에 찍히는 목적지 위치가 실제 위치와 300미터쯤 차이난다고 하는데, 현재 과학기술로는 30억분의 1초까지 쪼갤 수 있다고 한다.

초단위 시간관리의 원조는 미국 사람인 프레드릭 테일러Frederick Winslow Taylor다. 그는 1911년 노동시간을 초단위로 잘게 쪼개 계산했다. 그는 '책상 가운데 서랍을 여는 데 0.026초, 닫는 데 0.27초, 옆 사람의 서랍을 닫는 데 0.009초, 의자에 앉은 채 옆에 있는 책상이나 파일함까지 움직이는 데 0.050초' 하는 식으로 정리했다. 그는 1초라도 헛되이 보내지 않아야 생산성이 30% 넘게 올라간다면서 이미 100년 전에 초 관리의 중요성을 말했다.

우리는 시간을 초단위로 계산하면서 생활할 수는 없다. 분단위로 살아가면 족하다.

하지만 특별한 경우에는 1초라도 매우 중요한 의미를 지니며, 과학자나 운동선수에게는 1초가 매우 긴 시간임을 이해해야 한다. 그러므로 1초 동안 할 수 있는 일을 생각하면서 시간을 민감하게 의식할 필요가 있다.

건전한 시간의식을 기르자

시간에 대해서 어떻게 느끼고 어떤 태도를 갖느냐는 것은 시간관리에 매우 큰 영향을 미친다. 사람들이 시간을 대하는 태도는 모두 다 다르다. 나이에 따라 다르기도 한데, 유년 시절에는 대부분 시간 개념을 갖지 못한다. 그리고 시간이 무한한 것처럼 느낀다.

청년이 되어도 시간이 얼마나 중요한지 잘 느끼지 못한다. 하지만 30세가 지날 무렵이면 시간의 중요성을 깨닫게 된다. 하지만 이때도 시간의 중요성을 깨닫기보다는 대부분 어린 시절에 비해 빨리 흐르는 시간을 안타까워하고 아쉬워한다.

시간이 중요한 것은 시간을 어떻게 관리하고 보내느냐에 따라 삶이 달라지기 때문이다. 그런 의미에서 시간의 중요성을 되도록 빨리, 그리고 진정으로 깨달을 필요가 있다. 그런데 우리는 왜 대부분 시간의 중요성을 깨닫지 못할까? 첫째는 시간이 거저 주어지기 때문이다. 둘째는 시간이 흘러가는 것이 눈에 보이지 않기 때문이다. 셋째는 삶을 살아가는 목표가 없기 때문이다.

그렇다면 시간의 중요성을 진정으로 깨닫고 건전한 시간의식을 가지려면 어떻게 해야 할까?

첫째, 모든 시간은 가치가 같다는 점을 늘 염두에 두어야 한다. 시간의 가치를 알게 되면 시간에 대해 인색해질 수밖에 없고 시간을 헛되이 쓰지 않게 된다. 하지만 예외도 있다. 가족과 함께 보내는 시간이나 인간관계를 쌓기 위한 시간은 아까워하면 안 된다.

둘째, 평소에 '시간이 부족하다'는 의식을 가지고 사는 것이 좋다. 역사에 위대한 업적을 남긴 사람들은 대부분 시간이 짧다는 생각을 하며 살았다. 이런 의식을 가지고 있으면 모든 일을 미리미리 준비하게 된다.

셋째, 삶을 운영할 때 분단위로 생각하는 습관을 들이는 것이 좋다. 초단위로 생각하면 조급하게 되고 시간단위로 생각하면 시간을 많이 낭비하게 된다.

넷째, 시간예측을 잘해야 한다. 어떤 특정한 일을 하는 데 걸리는 시간을 되도록 정확히 예측하고, 그 일을 가장 잘할 수 있는 시기를 정해서 계획을 세워야 한다.

다섯째, 시대를 잘 읽어야 한다. 그래야 시대에 뒤처지지 않는다.

여섯째, 자기 인생의 시계, 즉 나이를 생각해야 한다. 그래야 남은 인생을 지혜롭게 활용할 수 있다.

일곱째, 지금 이 순간을 중요하게 여기면서 행동해야 한다. '지금 내가 무슨 일을 해야 할까?'라는 질문을 늘 자기 자신에게 던지며 최선을 선택하도록 노력해야 한다.

여덟째, 시간이 하는 말을 들을 수 있어야 한다. 모든 사물이 말을 하듯이 시간도 말을 한다. 밤늦게 전화를 받으면 일단 가슴이 철렁한다. 급한 일이 생겼다는 것을 시간이 말해주기 때문이다.

시간에도 지능이 있다. 친구가 병원에 입원했다는 소식을 듣자마자 병문안을 간다면 친구를 매우 사랑한다는 메시지를 입원한 친구에게 전해주는 것이다. 매우 급하게 뛰어가는 사람은 시간이 부족하다는 것을 말해준다. 카지노를 하는 방에는 시계가 없다. 이것도 무언의 말을 하는 것이다. 즉, 시간을 의식하지 말고 카지노나 열심히 하라는 것이다.

아홉째, 어떤 특정한 시점을 종종 생각해봐야 한다. 예를 들면 학창 시절 시험을 치를 때, 불의의 사고가 나서 응급실에 실려 갈 때, 경기 종료 5분 전과 같은 시점을 생각해보는 것이다. 올림픽에 국가대표로 나가서 경기하는 사람의 심정을 상상해보는 것도 좋다.

물론 이런 특정한 시간대에는 시간의 중요성은 누구나 예민하게 느낀다. 하지만 평소에는 시간의 중요성을 별로 느끼지 못하는 것이 우리 약점이다. 그러므로 평소에도 시간이 중요하다는 생각을 늘 해야 한다.

순간이 평생을 좌우한다,
속도보다 타이밍

타이밍 능력이 절실히 요구되는 시대다 ────────

현대는 바야흐로 무한경쟁 시대다. 그럼에도 이 시대는 속도를 내는 것보다 전진할 때와 후퇴할 때를 고려하여 적절한 타이밍을 잡는 사람이 성공하는 시대다. 그 이유는 무엇인가?

첫째, 현대는 지식산업사회이기 때문에 지식과 정보가 엄청나게 많아졌다. 따라서 기회도 무한히 늘어났다. 직업을 보더라도 과거에는 직업이 몇 가지 없었지만 현대사회에서는 수만 가지로 늘어났다.

둘째, 교통과 통신, 그리고 광고기술이 최고도로 발달했다. 지금은 '지구촌'이라고 할 만큼 지구상의 지역과 지역, 나라와 나라 사이가 좁혀졌다. 사람들은 국내외 여행을 빈번하게 다닌다. 국제간의 교류도 대단히 많다. 행사와 프로그램도 말할 수 없이 많이 생겨났다. IT혁명으로 사람들 사이에 소통이 쉽게 이루어진다. 그래서 적절한 기술을 잘 이용하면 집에 가만히 앉아서도 돈을 벌 수 있다.

셋째, 사람들의 욕구가 팽창했다. 사람들의 욕구를 맞추면 좋은 타이밍을 잡을 수 있다.

넷째, 변화의 속도가 엄청나게 빨라졌다. 사회구조도 변하고 삶의 스타일도 달라졌다. 새로운 생산품의 생산주기가 단축된다. 그래서 잠시 한눈을 팔면 시대에 뒤떨어진다.

다섯째, 사고와 문제가 많이 발생한다. 개인 간의 문제, 사회 국가의 문제, 그리고 국제간에 문제가 많이 발생한다. 문제가 있는 곳에 해결할 기회도 있다. 하여튼 현대는 과거에 경험하지 못한 기회가 넘쳐나는 시대다. 그러므로 정확한 타이밍 감각을 지니는 것이 필수다.

매사에는 적절한 타이밍이 있다

'타이밍'의 사전적 정의는 '시간적으로 원하는 순간에 동작을 맞추는 일'이다. 이와 비슷한 말로는 호기好機, 적기適期라는 말이 있고 영어로는 Good Timing, Timeliness, Chance, Opportunity라고 한다.

타이밍에는 올바른 타이밍이 있는가 하면 나쁜 타이밍도 있다. 그런데 매사에는 적절한 타이밍이 있다. 현인 솔로몬왕은 "모든 일에는 다 때가 있다. 세상에서 일어나는 일마다 알맞은 때가 있다. 태어날 때가 있고, 죽을 때가 있다"라고 했다.

타이밍의 본질은 기회다. 타이밍을 잡으면 인생이 바뀐다. 절호의 타이밍을 한 번만 낚는다 해도 인생을 바꿀 수 있다. 그만큼 타이밍은 막강한 힘을 소유하고 있다. 타이밍에 무관심하면 평생 변화 없는 밋밋한 사람으로 살아갈 수밖에 없다.

타이밍 포착의 중요성을 가장 실감할 수 있는 시기는 올림픽 경기를 비롯한 각종 운동경기, 대학입시, 취직시험과 면접, 재판에서의 증언, 사고발생 후 응급처치, 위인과의 만남, 그리고 중요한 결정을 할 때와 같은 중요한 순간이다.

올림픽 경기에서는 0.01초의 타이밍도 귀중하다. 왜냐하면 그 미미한 시간 차이로 금메달과 은메달이 희비가 갈릴 수 있기 때문이다. 올림픽 경기에서 타이밍을 잘 관리하면 피땀을 흘려 노력한 과거 4년 혹은 8년의 세월을 보상받을 수 있다. 하지만 타이밍을 놓치면 그동안 노력한 것들이 물거품이 된다.

일상적인 삶에서도 타이밍을 잘 잡아야 한다. 예를 들면, 설득이나 사과는 식사 직전에 하는 것이 좋다. 상사에게 결재받는 적기는 오후 1시 30분이다. 부부싸움이나 충격적인 말은 오후 3~4시에 하는 것이 적기다. 감사를 표현하거나 사과하는 것은 즉시 하는 것이 적기다. 운동 타이밍은 오전 10~11시, 그리고 오후 3~4시다. 결혼할 타이밍은 각자의 사정에 따라 다른데 결혼 적기는 결혼생활을 할 수 있는 충분한 조건이 형성되었을 때다.

여행을 계획할 때, 프로그램을 고안할 때, 사업을 시작할 때, 퇴직할 때, 집을 사고팔 때, 주식투자를 할 때도 적절한 타이밍을 고려해야 성공한다.

아무리 분주한 시대라도 바삐 서두르는 것보다 마음을 차분히 가다듬고 적절한 시기에 올바로 선택하는 것이 슬기롭다. 그것이 더 빨리 성공에 이르는 길이다. 그러니 늘 타이밍에 관심을 갖고 정확한 타이밍 감각을 기르도록 해야 한다.

때는 사물의 가치를 결정한다

아무리 귀하고 값진 선물이라도 때를 넘기면 빛이 바랜다. 아무리 훌륭한 청사진이라도 때를 넘기면 가치가 없다. 아무리 값진 정보라도 때를 놓치면 무용지물이다. 시일이 지난 초대장, 유효기간이 지난 음식물과 약품은 모두 효력이 없다.

아무리 능력이 많아도 그 능력을 발휘할 때를 만나지 못하면 위인이 되지 못한다. 좋지 않은 시기에 사업을 시작하면 실패할 확률이 높다. 모든 것은 때가 맞아야 가치가 있다. 매우 목마를 때 냉수 한잔은 생명수와 같다. 돈이 없을 때는 1만 원이 가뭄의 단비 같다.

기원전 49년 1월, 율리우스 카이사르는 정적 폼페이우스가 군대를 해산하고 돌아오라는 명령을 하자 잠시 망설였다. 하지만 그와 싸우기로 결단하고 자기 군대에게 "진군하자. 주사위는 던져졌다"라고 명령하고 루비콘강을 넘어 로마로 진군하였다. 그는 냉철한 판단력과 기민한 군사력으로 승리를 거둬 종신 독재관 자리에 올랐다. 올바른 타이밍을 잡은 것이다.

나폴레옹은 전쟁 타이밍을 포착하는 데 탁월한 능력을 지녔다. 그래서 연전연승할 수 있었다.

1867년, 미국 국무장관 윌리엄 수어드는 많은 국민의 반대를 무릅쓰고 720만 달러에 알래스카를 러시아로부터 매입했다. 그 후 30년 만에 그 땅의 가치가 천정부지로 솟아 미국에 엄청난 유익을 안겨주었고, 자신도 국민의 영웅이 되었다. 그도 천금같이 귀한 타이밍을 잡은 것이다.

빌 게이츠는 1995년 윈도를 개발해 세계 소프트웨어 시장을 석권했다. 그는 41세에 억만장자가 되었다. 그는 컴퓨터의 귀재로 성장할 수 있는 독특한 기회와 행운이 연속되는 곳에서 살아왔다. 그가 대성한 중요한 요소는 PC혁명의 역사에서 가장 중요한 시기에 왕성하게 활동할 수 있었기 때문이다.

PC혁명의 가장 중요한 시기는 1975년이었는데, 이때 빌 게이츠는 만 20세였다. 이보다 더 어렸어도 혹은 더 나이가 많았어도 타이밍을 포착할 수 없었다.

투자의 달인인 워런 버핏은 타이밍 포착의 귀재다. 그는 적절한 시기에 투자하고 적절한 시기에 되판다. 그래서 엄청난 부를 움켜쥐었다.

타이밍을 잘 잡는 사람들은 좋은 타이밍을 식별하는 안목이 있으며, 타이밍을 잡는 즉시 결단한다. 또 적절한 때가 아니면 성숙해질 때까지 참고 기다리는 인내력이 있다.

타이밍 파워를 기르는 방법

'철들자 망령'이라는 말에는 철이 들 만하자 망령이 들었다는 뜻
도 있지만, 무슨 일이든 때를 놓치지 말고 제때에 힘쓰라는 뜻이 있
다. 만약 타이밍을 잘 잡는 능력을 기른다면 일생 동안 위대한 성취
를 할 것이다. 이를 위해 다음과 같은 방법을 제시한다.

1 시간과 기회에 대해 민감한 감각을 길러라. 그리고 타이밍을 붙잡으려
   는 노력을 하라. 밤하늘의 무수한 별 속에서 기회라는 별을 보기 위해
   서 눈을 크게 뜨고 노려보라.

2 지금이 적기가 아니라면 성숙한 때가 올 때까지 충분히 기다려라.

3 늘 목표의식, 문제의식을 지녀라. 그러면 사물을 더 잘 관찰할 수 있다.

4 실패했더라도 쉽게 낙망하지 마라. 절호의 기회란 쉽사리 오지 않기
   때문이다.

5 적은 기회라도 충분히 살려라. 그러면 더 큰 기회가 온다.

6 늘 마음을 열어놓으라.

7 역경과 실패, 그리고 문제 속에서도 좋은 기회를 발견하라.

8 과거보다 현재와 미래에 초점을 두라.

9 안될 거라고 생각하지 말고 될 거라고 생각하라. 늘 긍정적인 마음을
   가지고 살라.

10 여러 경로를 통해서 가치 있고 좋은 정보들을 많이 얻고 메모를 잘하라.

11 기회라고 생각하면 즉시 결단하고 행동에 옮겨라.

12 어려운 일에 과감히 도전하라. 위험도 따르지만 대박도 터뜨릴 수 있다.

13 평소 준비와 노력을 꾸준히 하여 기회를 창조해나가라. 뿌린 대로 거두다는 말은 만고의 진리다. 감나무를 심지 않으면서 감이 떨어지기를 바라는 것은 어리석다. 꾸준히 투자한 시간의 양이 중요한 결과를 가져온다.

14 기회가 많이 주어지는 곳으로 가라. 이 세상에는 더 좋은 '기회의 땅'이 존재한다.

15 전환점을 살려라. 인생에는 중요한 시점들이 있다. 출생, 대학입시와 졸업, 취직, 결혼, 승진, 전직, 은퇴, 사망과 같은 전환점을 살리면 더 좋은 기회를 얻게 된다.

2장

시간관리

시간 사용을 최악으로 하는 사람일수록 항상 시간이 없다고 불평한다.

Those who make the worst use of their time

most complain of its shortness.

오 헨리(O. Henry)의 단편소설 〈20년 후〉에는 두 사람이 등장한다.

둘 중 한 친구가 더 좋은 삶을 찾아 서부로 떠나게 되면서 둘은 20년 후에 마지막 저녁식사를 한 식당에서 만나기로 한다. 그리고 둘은 20년 뒤 만난다.

약속된 장소에서 한 친구는 현상수배자로, 다른 친구는 경찰관으로 만나게 된다.

이 비극적인 운명은 지난 20년 동안 두 사람이 각기 다른 자리에서 순간순간을 이어온 삶의 결과였다.

지금 각자의 모습은 과거 각자가 삶을 관리해온 결과인 것이다.

시간관리 강의를 들은 한 대기업 부장이 자신의 강의 소감을 이렇게 발표했다.

"나 자신이 세상에서 시간을 가장 잘 관리한다고 생각해왔습니다. 그런데 선생님의 시간관리 강의를 들으니 내 시간관리 방식에 허점이 많다는 것을 깨달았습니다. 특히 '우선순위'에서 고쳐야 할 일들이 많은 것을 알게 되었죠."

소크라테스는 '너 자신을 알라'는 말을 자주 사용하였지만 살아가면서 어려운 일 가운데 하나가 바로 자신을 아는 일이다.

한번 자신이 90세가 되었다고 가정하고 그때로 시간여행을 해보기 바란다.

그리고 자신의 삶을 뒤돌아본다면 지금 고쳐야 할 행동을 많이 발견하게 될 것이다.

시간관리를 서투르게 한다면 삶은 반드시 나쁜 방향으로 흘러간다.

류시화가 쓴 《지금 알고 있는 걸 그때도 알았더라면》이라는 시집이 있다.

이렇듯 사람들은 늦게 깨닫고 후회한다. 왜 할 수 있었는데도 하지 않았는가.

그렇게 할 필요성을 그 당시에는 깊이 느끼지 못했기 때문이다.

좀 더 일찍 깨달았어야 했고 무엇이든 했어야 했다.

세월만 보내고 구체적으로 한 일은 없다면 인생을 허비한 것이다.

조금만 일찍 시간관리의 필요성을 자각하고 시간관리를 효과적으로 하는 방식을 배웠다면 현재의 삶은 훨씬 나아졌을 것이다.

시간관리가 왜 중요한가

　사람들은 시간관리의 중요성을 잘 깨닫지 못한다. 깨달아도 실천하지 못하는 경우가 많다. 그래서 실제로 사람들은 대부분 매일 똑같이 생활한다. 매일 거의 같은 행동을 반복하며, 같은 방식으로 다른 사람과 교제한다. 하지만 시간관리 방식에 변화를 주어야 삶 전체가 개선된다는 것을 알아야 한다. 현대인에게 효과적인 시간관리는 필수다. 현대사회는 매우 복잡하고 빠르게 변화하므로 시간을 효율적으로 관리하지 못하는 단체나 개인이나 살아남기 어렵다.

　이 세상에는 평생 시간관리를 잘하지 못해서 시간압박에 시달리며 우유부단함과 정돈되지 않은 삶으로 당혹감을 느끼며 사는 사람이 많다. 그런 사람에게 주는 귀중한 충고는 올바른 시간관리 방법을 학습하라는 것이다. 알면 보이게 되고 실천하게 되는 것이다.

　독일의 시인 에셴바흐Wolfram von Eschenbach는 "시간을 지배할 줄

아는 사람은 인생을 지배할 줄 아는 사람이다"라고 했다.

왜 시간관리가 중요한지 깨달으면 시간을 효과적으로 관리할 수 있는 길을 모색하게 된다. 왜 시간관리가 중요한가?

첫째, 가장 보편적인 대답은 시간을 잘 관리하면 주어진 시간에 자기가 해야 할 일을 완수할 수 있고, 지속적으로 하고자 하는 것을 달성할 수 있다는 것이다. 기한 안에 책임을 완수할 수 있으니 얼마나 보람이 있겠는가.

둘째, 우선순위를 잘 정해 일하기 때문에 일을 일관성 있고 질서정연하게 처리해나갈 수 있다.

셋째, 목표와 계획을 잘 세울 수 있으므로 시간과 물질과 에너지를 낭비하지 않는다.

넷째, 일하는 시간과 휴식시간을 조화 있게 구성함으로써 적당한 긴장감을 유지하며 삶을 유연하게 운영할 수 있다.

다섯째, 서두름과 분주함을 예방하고 스트레스를 막아주어 건강한 삶을 살게 한다. 스트레스 가운데 50% 정도는 시간 부족에서 온다. 시간관리를 효과적으로 하면 시간 때문에 발생하는 스트레스를 대부분 막을 수 있다.

여섯째, 여유시간을 충분히 만들 수 있다. 그래서 사색, 독서, 운동, 가정생활, 사교활동 등을 충분히 할 수 있다.

일곱째, 자신의 소원과 꿈을 만족스럽게 성취해서 자아실현을 할 수 있다. 훌륭한 시간관리 능력은 재능과 능력을 똑같이 가지고 있는 사람들 가운데서 여러분을 차별화하는 가장 중요한 요소다. 그 결과 다른 사람보다 앞서 성공을 얻을 수 있다.

시간관리를 효과적으로 하지 못하면 어떻게 될까? 시간이 우리를 압박하므로 시간에 쫓겨 스트레스도 많이 받는다. 하려고 했거나 할 수 있다고 생각했던 것의 일부만 달성할 뿐이다. 주어진 시간에 일을 완수하지 못해 신뢰를 잃게 된다. 또 일을 중구난방으로 하기 쉽다. 그래서 시간과 물질과 에너지를 많이 낭비한다.

어떤 경우는 너무 바빠서 정신을 차릴 수 없게 되고, 어떤 경우는 시간이 남아돌아 무료하게 보내게 된다. 서두르기 때문에 각종 실수와 사고를 연발하며 육체건강이나 정신건강에 이상이 오기도 한다.

또한 매일 다람쥐 쳇바퀴 돌듯 똑같은 일을 하게 되어 발전이 없다. 바쁘게 일하기는 하나 효과가 없고 사는 데 재미가 없다. 삶이 균형을 이루지 못하고 늘 한쪽으로 기울어 있다.

시간관리를 잘하지 못하면 인생에서 결코 성공할 수 없고 인생을 후회 속에서 마무리하게 된다. 현대는 과거와 전혀 다른 시대다. 현대의 통신과 교통은 우리가 따라가지 못할 정도로 삶의 속도를 높였다. 물론 가능성도 엄청나게 많아졌다.

따라서 시간관리 방식도 늘 새로워져야 한다. 일찍이 시간관리의 중요성을 깨닫고 올바른 방법을 배우는 것은 삶에서 가장 확실한 투자다. 일생 동안 그 열매를 얻고 즐기게 될 것이다.

시간을 잘 관리하는
사람들의 특징

시간을 잘 관리하는 사람들은 왼쪽과 같은 경향을 보이고, 시간을 잘 관리하지 못하는 사람들은 오른쪽과 같은 경향을 보인다.

시간을 잘 관리하는 사람들	시간을 잘 관리하지 못하는 사람들
시간을 잘 다스린다.	시간에 끌려다닌다.
목표와 계획이 합리적이다.	목표와 계획이 없거나 비합리적이다.
중요한 일을 우선적으로 한다. 선택과 결단을 제때 올바르게 한다.	중요한 것이 무엇인지 잘 모른다. 그래서 시시한 일을 할 때가 많다. 우유부단하다.
일의 질과 탁월성에 관심을 갖는다.	일의 양에 더 관심을 갖는다.
바쁠 때도 결코 서두르지 않는다.	바쁠 때는 허둥지둥한다.
대체로 건강하고 원기왕성하다.	자주 아프거나 기력이 없다.
계획에 따라 일관성 있게 움직인다.	기분과 충동에 따라 왔다 갔다 한다.
합리적이고 상식적으로 행동한다.	비합리적이고 비상식적으로 행동할 때가 종종 있다.

시간을 잘 관리하는 사람들	시간을 잘 관리하지 못하는 사람들
타인에 대해 이해심이 많고 안정된 마음을 가지고 있다.	타인에 대해 불만과 적개심이 많고 자신도 불안한 때가 많다.
일과 학업의 성취도가 높다.	일과 학업의 성취도가 낮다.
총체적이고 장기적인 것을 본다.	현재의 사소한 일들에 얽매여 큰 그림이나 미래를 보지 못한다.
문제가 생기면 그 문제에 정면으로 도전하여 해결하고자 한다.	문제가 생기면 회피하거나 아무 조치를 취하지 않는다.
매사를 진행할 때 좋은 시스템이 있다.	시스템이 없거나 나쁜 시스템을 사용한다.
일과 휴식이 균형을 이룬다.	일과 휴식이 불균형하거나 일과 휴식의 구분이 없다.
스트레스를 덜 받는다.	늘 스트레스를 받는다.

시간관리의 보편적 원리

바둑을 배우려는 사람이 바둑책을 세 권 사서 수십 번 읽고 기원에 1년간 다녔다.

하루는 기원에 10년간 다닌 사람과 바둑을 두었는데 상대방을 이겼다. 이것은 원리의 힘을 입증하는 사례다.

시간관리에도 원리가 있다. 누구에게나 다 적용되는 보편적 원리가 있는가 하면 어느 그룹에만 적용되거나 개인에게만 적용되는 특수한 원리가 있다. 누구에게나 적용되는 10가지 보편적 원리를 제시하고자 한다.

> 1 **시간이 무엇인지 안다.** 건전한 시간개념을 이해한다. 시간의 의미와 성질을 파악한다. 크로노스와 카이로스의 개념을 안다.

2 **구체적인 목표를 세운다.** 목표는 인생과 시간에 의미를 부여한다. 목
표가 없으면 시간활용이나 시간낭비라는 말을 사용할 수 없다.

3 **올바른 우선순위를 결정한다.** 인생은 선택과 결정의 연속이다. 우선순
위가 없거나 우선순위가 잘못된 사람은 늘 손해를 보며 산다. 이런 일
이 일생 동안 반복되면 적자 인생, 빈털터리 인생이 되고 만다.

4 **계획을 현실적으로 짠다.** 전쟁에 이기기 위해서 전략을 세우듯이 목
표를 달성하기 위해서는 전략이 필요하다. 동원할 수 있는 시간, 물질,
에너지, 사람, 환경을 잘 조직해야 목표를 효과적으로 달성할 수 있다.

5 **시간낭비를 최소화한다.** 시간낭비의 정체를 파악한다. 돈의 경우 수입
보다 지출이 많으면 늘 빚에 쫓기며 산다. 시간도 이와 비슷하다. 시간
낭비 습관은 오래된 악습이므로 발견하기도 어렵고 끊기도 어렵다. 시
간낭비 요소를 끊거나 줄이면 시간 부자가 될 수 있다. 시간낭비는 외
부에서 오는 요인이 있고 내부에서 오는 요인이 있다. 그런데 내부에
서 오는 요인이 더 심각한 영향을 미친다. 자투리 시간을 잘 활용해서
시간낭비를 최소화해야 한다. 시간은 본래 적게 공급된다. 하루에도
몇십 차례 생기는 자투리 시간을 효과적으로 활용해야 한다.

6 **효과적으로 소통한다.** 효과적인 커뮤니케이션은 보람과 행복을 가져
다준다. 하지만 비효과적인 커뮤니케이션은 오해와 갈등, 문제를 일으
킨다. 일생 동안 소통 기술을 배워야 한다.

7 **시간을 절약하는 모든 도구를 적절히 사용한다.** IT를 비롯해서 각종 교
통수단, 통신수단, 가전제품 등을 효율적으로 활용한다.

8 **하루를 잘 관리한다.** 하루는 일생의 축소판이다. 일일계획표를 효과적

으로 작성해야 한다. 일찍 일어나는 것이 바람직하다. 규칙적으로 산다. 일기를 쓴다.

9 **기분과 스트레스와 분노를 잘 다스린다.** 그래야 마음이 평안하다.

10 **삶의 모든 면이 균형과 조화를 이룬다.** 한곳에 시간을 지나치게 많이 투자하지 않는다. 중용을 지킨다. 늘 먼 미래를 내다보고 계획을 세우고 준비한다. 직장, 가정, 개인, 건강, 돈, 시간, 사회활동, 종교생활이 균형을 이룬다. 자기 분수를 지키는 것을 중요시한다. 사람을 망하게 만드는 것은 과욕, 허망이라는 것을 안다. 남과 비교하지 않는다. 현실적이 된다. 자기 자신이 된다.

나는 시간을
얼마나 잘 관리하고 있나

자신을 살펴보는 노력은 늘 값진 것이다. 다음 문항을 읽으면서 자신의 시간관리 경향을 체크해보자. '예'라는 대답이 20개 이상이면 시간을 잘 관리한다고 평가할 수 있다.

☐ 1 기분대로 생활하지 않고 계획을 세워 생활하며 매사가 계획적이다.

☐ 2 개인적인 일과 직장 일을 하기 위한 장·단기적인 목표를 세우고 추진한다.

☐ 3 매월, 매주, 매일 계획표에 따라 일을 진행해나간다.

☐ 4 아무리 잡다한 일이 나에게 닥쳐도 우선순위를 잘 정할 수 있다.

☐ 5 부지런한 사람이라고 자타가 공인한다.

☐ 6 과거에 대한 후회나 미래에 대한 염려를 잊고 현재 주어진 일에 집중한다.

□ 7 모든 활동에 필요한 시간을 정확히 예측하여 시간배분을 잘한다.

□ 8 건강한 편이어서 쉽게 피곤하지 않다.

□ 9 병원이나 여행을 갈 때 대기시간에 읽을 것을 가지고 간다.

□ 10 출퇴근 시간을 효율적으로 사용한다.

□ 11 기상시간, 식사시간, 근무시간이 일정하다. 그리고 매사가 규칙적이다.

□ 12 남과 한 약속시간이나 약속을 정확히 지킨다.

□ 13 차를 1년에 두 번 정도 정비하고 타이어도 제때 갈아 끼운다.

□ 14 생산성을 향상하기 위해서 도구를 올바로 이용한다.

□ 15 적합하지 않은 과제, 비생산적인 회의나 모임, 정보 과다를 될 수 있는 한 피한다.

□ 16 항상 새로운 방식으로 일하려고 노력한다.

□ 17 예기치 않은 일로 스케줄이 무산되거나 바뀌었을 때 침착하고 융통성 있게 스케줄을 조정할 수 있다.

□ 18 시간관리의 기본원리와 기술을 알고 있으며 시간관리 능력을 더욱 발전시키려는 의욕이 있다. IT 기술을 활용한다.

□ 19 끊임없이 자아실현을 위해 노력하고 있다.

□ 20 일할 때는 열심히 일하고 쉴 때는 푹 쉰다. 주말에 아무것도 하지 않아도 죄책감이 들지 않는다.

□ 21 마감시간 안에 과제나 목표를 여유 있게 이룬다.

□ 22 바쁜 일이 생겨도 서두르지 않으며 시간 스트레스를 좀처럼 받지 않는다.

□ 23 항상 여유 있게 계획을 세우고 준비를 한다.

□ 24 나와 다른 사람에게 관대하다. 인간관계가 좋다.

□ 25 인생에서 일어나는 여러 가지 변화에 잘 대처한다.

□ 26 일기나 사업보고서나 평가서를 잘 쓴다. 성공이나 실패에서 교훈
  을 얻는다.

□ 27 중요한 최신 정보들을 가지고 있다.

□ 28 마음을 잘 컨트롤한다.

□ 29 가정생활을 행복하게 하고 있다.

□ 30 미래는 현재보다 더 좋아질 거라고 믿는다.

3장

목표설정

당신의 태도가 당신 삶의 고도를 결정한다.

Your attitude determines your altitude in life!

인생은 여행이라는 말이 있는데 인생을 가장 적절히 묘사한 말이라고 생각한다. '하숙생'이라는 흘러간 노래에는 '인생은 나그네길. 어디서 왔다가 어디로 가는가. 구름이 흘러가듯 떠돌다 가는 길에……'라는 구절이 있다.

그렇다. 우리네 인생은 나그네길이다. 그런데 나그네에는 방랑자가 있고 순례자가 있다.

방랑자는 목표가 없는 여행자이고 순례자는 목표가 뚜렷한 여행자다.

인간은 방랑자가 되기 쉽다. 인생길은 끝없는 미지의 세계일 뿐만 아니라, 예기치 않은 일들이 나타나기 때문이다.

많은 유혹과 위험도 뒤따르며 짙은 안개가 낄 때도 있다. 높은 산과 낮은 골짜기도 통과해야 한다. 그래서 방황하기 쉽다.

일생을 계속 방황만 하다가 생을 마치는 사람이 있다.

능력이 많고 좋은 기회를 얻었지만 그것을 활용하지 못하고 계속 시행착오만 하다가 인생이 헛되게 끝나는 사람도 있다. 이런 사람들의 문제는 무엇일까?

바로 '목표' 때문이다. 목표가 없거나 희미하거나 잘못된 것이다.

여행을 가고자 하는 사람이 가장 먼저 정해야 하는 것은 목표, 즉 '목적지'다.

목적지가 정해지면 모든 것이 명확해진다. 목적지를 정하면 방향감각이 뚜렷해지고 여행할 의욕과 호기심이 생긴다. 또 여행에 필요한 것을 준비하게 된다. 인생에서도 자신이 진정 원하는 목표를 정할 수 있다면 그의 앞에는 새로운 세계가 열린다.

인생을 살아가기가 복잡하고 어려워 보이지만 원리만 알면 인생은 의외로 단순하고 쉽다. 목표를 올바로 설정할 수 있다면 그 일의 절반은 이미 이룬 것이나 다름없다. 목표설정이 그만큼 중요하다는 뜻이다.

하지만 목표를 세우는 사람은 평균적으로 전체의 3%에 불과하다고 한다.

목표가 분명한 사람이 정신적으로나 물질적으로 풍족하고 여유 있게 생활한다는 사실이 통계로 밝혀지고 있다. 목표가 있어야 주도적으로 살아가게 된다.

목표는 인생과 시간에 새로운 의미와 가치를 부여한다. 목표설정은 인생관리와 시간관리의 기본이다. 목표는 사람에게 열정을 일으키게 한다.

목표란 무엇인가

목표는 영어로 goal, objective, target이라고 한다. 목표는 '미래에 달성할 바람직한 결과'다. 이것이 목표를 가장 잘 설명해주는 정의다. 목표는 측정 가능하고 달성할 수 있는 미래의 사건이다.

목표에는 반드시 변화의 개념이 포함된다. 시간과 장소가 변하는데 목표도 그에 따라 여기에서 저기로, 지금에서 그때로 이동한다. 목표에는 수량의 개념과 함께 질의 개념도 포함되어 있다. '얼마나 많이'뿐만 아니라 '얼마나 잘'이라는 개념도 포함되어 있는 것이다.

목표가 자연스럽게 주어지는 경우가 있다. 스포츠의 경우가 그렇다. 모든 스포츠에서 공통적인 목표는 '승리하는 것'이다.

올림픽 경기에 나가는 선수라면 이상적인 목표는 금메달이다. 그러나 자신의 실력에 따라 은메달 혹은 동메달을 목표로 정하는 경우도 있다. 스포츠 외에 바둑, 낚시, 경마, 카지노, 복권, 선거, 각종 시험

등의 경우에도 목표는 자연스럽고 분명하게 주어진다.

그러나 일상생활 속에서는 대부분의 경우 목표가 분명하지 않다. 그러므로 스스로 목표를 구체적으로 설정하는 연습을 해야 한다. 예를 들면 오늘 무엇을 완성해야 할지를 결정하는 것은 우리 스스로 설정해야 할 목표다.

목표가 왜 중요한가

성공한 사람들은 성공 비결이 '분명한 목표'를 세운 덕분이라고 말한다. 목표는 가장 중요하고 기본적인 것이기 때문에 목표를 설정하는 데 시간을 충분히 투자할 필요가 있다. 목표가 없다면 시간관리도 의미가 없기 때문이다.

목표는 이루 말할 수 없이 중요하다. 그런데 사람들은 목표의 중요성을 지나쳐버리는 경우가 많다. 목표를 갖고 있으면 어떤 점이 좋을까?

첫째, 목표는 매사의 시작이다. 시작이 잘되어야 좋은 끝을 기대할 수 있다.

둘째, 목표는 시간과 물질과 노력에 새로운 의미와 가치를 제공한다. 목표를 정하지 않으면 시간과 물질 노력을 거의 다 낭비하게 된다.

셋째, 목표를 정하면 방향이 정해지므로 방황하거나 혼란스러워하지 않는다. 스트레스를 줄여주고 미래에 대한 염려도 줄여준다. 그리고 중단하지 않고 끈기 있고 일관되게 나가게 한다.

넷째, 목표를 정하면 에너지와 자원을 한곳에 집중할 수 있다. 그래서 짧은 시간 안에 많은 것을 성취할 수 있다. 그러나 목표가 없으면 대부분 에너지와 자원을 분산시키기 때문에 바람직한 결과를 얻을 수 없다.

다섯째, 목표를 정하면 도전해볼 의욕이 생긴다. 즉, 동기유발을 하게 한다.

여섯째, 목표를 정하면 삶을 주도적으로 살게 된다. 자신이 인생과 일의 주인이 된다. 그러나 목표가 없으면 주위 환경이나 다른 사람의 지배를 받는 피동적인 인간이 된다.

일곱째, 목표를 정하면 평가할 근거가 생긴다. 목표가 정해져야 추진해나가는 과정에서 수정과 보완을 할 수 있고, 마감시간이 지난 뒤 평가할 수도 있다.

여덟째, 목표를 정하면 문제를 쉽게 해결할 수 있다.

아홉째, 목표를 정하면 절차를 단순화할 수 있다.

열째, 목표를 정하면 비전과 꿈을 모두 성취할 수 있다.

필자는 일상적인 삶에서 많은 자료를 얻는다. 강의와 글을 쓰는 자료를 찾고자 하는 목표의식이 뚜렷하기 때문이다. 그래서 책이나 신문, 텔레비전 방송, 다른 사람과의 대화, 여행에서의 경험 등을 통해서 유익한 정보들을 많이 얻는다. 뚜렷한 목표를 지니면 같은 사물이라도 더 잘 보이고 더 잘 들리고 더 잘 기억할 수 있게 된다.

매일 아침에 일어나서 오늘 해야 할 일의 목록을 작성하고 그것에 따라 하루를 살아보기 바란다. 보람과 성취감을 얻을 수 있을 것이다. 그런데 목표가 없이 살면 삶에 짜임새가 없을 뿐만 아니라 시간 낭비, 물질낭비, 에너지 낭비가 대단히 많다.

사실 인생은 목표를 세우고 달성해가는 과정의 연속이다. 한 가지 목표를 정하고 추진하여 달성하라. 그리고 한숨을 돌린 후에 다른 목표를 세우고 추진하여 달성하라. 이것이 가장 효과적인 삶의 형태다.

목표의 위력

목표의 위력은 상상할 수 없이 크다. 목표는 사람이 재능과 시간과 노력을 한곳에 집중하도록 한다. 아무리 능력이 많고 지혜가 뛰어난 사람도 목표를 설정하지 않으면 대부분 힘을 분산시키게 된다.

미국의 아폴로 계획을 예로 들어보자. 1961년 존 F. 케네디John F. Kennedy가 미국 대통령에 당선되었을 무렵 미국과 구소련은 인공위성 개발에서 경쟁을 하고 있었는데, 미국이 소련에 뒤지고 있었다.

케네디는 대통령 취임에 즈음하여 '1960년대 후반까지는 인류를 달에 도착시킨다'는 목표를 세웠다. 이 목표가 절대적으로 가능성이나 전망이 있었던 것은 아니다. 미국 과학자들도 대부분 인류를 달에 보내는 것은 빨라야 1995년경에나 가능할 것이라고 여겼다.

그러나 무모하기는 했어도 목표를 설정하고 국력을 아폴로 계획에 모은 결과, 과학자들의 예상을 25년이나 앞당긴 1969년 7월 20

일에 최초로 달에 인류를 착륙시킬 수 있었다. 이처럼 목표가 위대하고 매력적이면 사람들은 의욕을 갖게 되고 자기 재능을 최대로 발휘하게 된다.

가끔 신문지상에 소개되는 '판매왕'들의 판매 비결은 무엇일까? 가장 중요한 성공요소는 그들이 목표를 정하고 실천했다는 점이다. 그들은 '1년에 매출을 10억 원 올린다' 같은 분명한 목표를 세우고 추진한다.

하지만 불행하게도 사람들은 대부분 목표다운 목표를 가지고 있지 않다. 목표의 개념은 우리 문화권에서 별로 중요하게 여겨지지 않는다. 단지 하루, 매주, 매월, 매년 그럭저럭 살면 그만이라는 생각을 한다. 목표가 있다는 사람들 역시 대개 너무 막연하고 피동적인 목표를 가지고 있어 참다운 변화를 가져오지 못한다.

칼라일은 "목표가 없는 사람은 조만간 몰락한다. 목표가 전혀 없는 것보다 사악한 목표라도 있는 편이 낫다"라고 말했다. 목표가 없을 때 사람들은 방황하며 삶의 활기와 의욕도 잃게 된다.

좋은 목표의 속성

좋은 목표의 속성을 SMART라는 단어의 첫 글자 풀이로 재미있게 설명할 수 있다. 즉, '좋은 목표Good goals = 스마트S-M-A-R-T 목표'라는 것이다. 각각의 글자를 풀어보면 다음과 같다.

S   Specific(구체적인) (예) 박사학위를 취득한다.

M   Measurable(측정할 수 있는) (예) 10억 원을 모은다.

A   Attainable(얻을 수 있는) 혹은 Achievable(달성 가능한) (예) 체중을 5킬로그램 감량한다.

R   Result-oriented(결과지향적인) (예) 타자를 1분에 400타 친다.

T   Time-bounded(시간이 정해져 있는) (예) 늦어도 10월 31일 이전에 결혼식을 올린다.

이 다섯 가지는 목표를 설정하는 데 도움이 된다. 그런데 이 다섯 가지를 세 가지로 요약할 수도 있다. S(구체적인)와 M(측정할 수 있는)과 R(결과지향적인)을 통합해서 '명확한'이라고 고치는 것이다. 그러면 좋은 목표의 속성은 명확성, 현실성, 시간성으로 정리할 수 있다. 이 세 가지에 대해 좀 더 구체적으로 살펴보자.

목표는 명확해야 한다

표적이 희미하면 맞히기 어렵다. 목표가 막연한 기대나 소원이 되어서는 안 된다. 목표가 분명하지 못하면 그것은 상상이나 공상에 불과하다. 목표는 분명해야 한다. 바라는 결과가 분명해야 하고 그것을 수량화할 수 있어야 한다.

목표가 명확하지 않으면 얼마나 성취했는지 알 수 없다. '목표 명확성의 원리'라는 것이 있다. '목표가 분명하면 분명할수록 그것을 달성할 확률은 더욱 높다. 목표를 분명히 정하면 그것을 달성할 전략도 분명해진다'는 것이다.

그렇다면 목표를 명확하게 하는 방법은 무엇인가? 우선 달성하고자 하는 최종결과가 간결하고 분명해야 한다. 한 가지 목표에는 한 가지 결과만 있어야 한다. 그리고 수량화할수록 목표가 분명해진다. '책을 많이 읽는다'보다는 '일주일에 교양도서 1권을 읽는다'가 더 명확하다. 또 '자원봉사활동을 많이 한다'보다는 '1년에 자원봉사를 100시간 한다'가 더 명확하다.

수량화할 수 없다고 생각되는 목표도 세분화하면 수량화할 수 있는 것이 많다. 그렇다면 '훌륭한 직원이 된다'는 것을 어떻게 수량화할 수 있을까? 회사에 공헌할 수 있는 조건들을 충족시키면 된다. 즉, '한 달에 적어도 세 가지 이상 혁신적인 방법을 제출한다'든지 '매출액을 90% 늘린다'고 목표를 세울 수 있다.

숫자로 표현한 목표라면 행동의 원칙과 순서도 그 목표치에 따라 잘 배열할 수 있지만, 목표가 추상적이면 자원을 어느 정도 투입해야 하고 어떤 행동전략을 세워야 할지 분명해지지 않는다. 목표를 분명히 하는 또 다른 방법은 목표를 시각화하는 것이다. 말로 하는 것보다는 기록하는 것이 명료하다. 각종 도형이나 차트를 만들면 더 명확해진다.

목표는 달성 가능해야 한다

목표는 현실성이 있어야 한다. 목표를 비전과 비교하면 달성하고자 하는 결과와 기간이 다르다. 목표는 주어진 기간 안에 반드시 달성해야 한다. 그러므로 자신의 능력과 환경을 충분히 고려해서 목표를 세워야 한다. 목표를 잘 설정하지 못하는 사람은 의욕만 앞세우는 경우가 많은데 의욕과 실제는 다르다는 점을 알아야 한다.

현실은 냉정하다. 달성하기 너무 어려운 목표나 너무 쉬운 목표는 좌절감이나 나태를 불러오기 쉽다. 좌절감을 주지 않고 능력 안에서 도전해볼 수 있는 목표가 동기유발이 가장 잘된다. 그런 목표를 '현실적 목표Realistic goals'라고 한다.

예를 들면 '하루에 영어 단어 5개를 외운다', '매일 40분 이상 걷는다', '수입의 1%를 사회복지단체에 기부한다', '올해 전국 명산 10곳을 등산한다', '5년 안에 유럽을 여행한다' 같은 목표는 누구나 실행할 수 있는 것이므로 현실적인 목표라고 할 수 있다.

기업에서는 '내년에는 올해보다 매출을 20% 늘린다'고 연간목표를 세울 수도 있다. 그런데 사업이 잘된다고 목표를 '연 20% 이상 매출 증가'로 정하면 비현실적인 목표가 되기 쉽다. 사실 20%도 상당히 부담스러운 수치다.

또한 70세 할머니가 피아니스트가 되겠다는 목표나 70세 할아버지가 의사가 되겠다는 목표도 다분히 비현실적이다. 또 성적이 꼴등인 학생이 1년 사이에 1등으로 올라서겠다는 목표도 그다지 현실적이지 못하다.

이처럼 너무 방대한 것을 짧은 시간에 하려는 것이나 너무 어려운 것을 혼자 하려는 것은 비현실적이다. 그러나 비현실적인 목표 가운데는 현실적인 목표로 변화시킬 수 있는 것들도 있다. 분량과 시간을 분할할 수 있을 때 그렇다. 목표를 달성하기 쉬운 작은 목표로 바꾸는 것이다.

예를 들어 어떻게 하면 혼자서 코끼리 한 마리를 다 먹어치울 수 있을까? 답은 간단하다. 코끼리를 한입거리가 되도록 잘게 썬 다음 냉장고에 넣어두고 하나씩 꺼내 먹으면 된다.

목표는 달성할 날짜, 즉 마감일이 정해져 있어야 한다 ─────

오늘 해도 좋고 내일 해도 좋고 시간이 나면 언제 해도 좋은 것은 목표가 아니다. 시간은 목표를 달성하는 데 중요한 역할을 한다. 긴장감을 주어 좀 더 열심히 행동하게 만들기 때문이다.

세계적인 동기부여자 지그 지글러Zig Ziglar는 "목표는 시한이 정해져 있는 꿈이다. 그 시한은 행동을 위한 계획표로 우리에게 꿈을 이루기 위한 행동을 하도록 해준다"라고 했다. 이처럼 시한의 위력은 매우 크다.

마감효과라는 것이 있다. 사람들은 마감일이나 마감시각이 얼마 남지 않았을 때 혼신의 힘을 다해 일하게 된다고 한다. 그러나 마감일이나 마감시각은 비교적 여유 있게 잡아야 한다. 예상하지 못했던 일들이 일어나서 시간이 훨씬 더 걸릴 수도 있기 때문이다.

'늦어도 40세까지는 10억 원을 확보한다'나 '늦어도 27세 안으로 박사학위를 취득한다'와 같은 것들이 마감일을 정한 목표다. 마감일을 정할 때는 '늦어도 언제까지는'이라는 표현을 쓰는 것이 좋다. 이 말에는 목표가 그 시각보다 미리 달성되면 좋고 늦어도 그때까지 달성되면 만족한다는 뜻이 포함되어 있기 때문이다.

장기목표와 단기목표

목표설정을 할 때 시간 요소를 고려하는 것은 필수적이다. 목표에는 장기목표와 단기목표가 있다. 장기목표는 달성해야 할 결과가 상당히 먼 장래에 있는 것이다. 보통 5년 이상을 장기목표로 보는데 요즘과 같이 변화가 심한 시대에서는 3년 이상을 장기목표로 보기도 한다.

장기목표는 달성할 기간이 멀어 결과가 예상에서 빗나가는 정도가 심하다. 하지만 일을 지속적으로 추진할 수 있는 방향감과 일관성을 준다. 그런데 장기목표에만 치중하면 현재 해야 하는 일을 소홀히 하게 된다.

단기목표는 달성해야 할 결과가 상당히 가까운 장래에 있는 것이다. 보통 1년 이하의 기간에 달성하는 것을 단기목표라고 한다. 단기목표는 그 자체로도 존재할 수 있지만, 장기목표와 연관성이 있다면 장기목표의 부속목표 또는 중간목표라고 할 수 있다.

단기목표는 그 결과가 상당히 빨리 나타나므로 동기유발 효과가 있으며 일이 잘못되어갈 때 방법을 빨리 바꿀 수 있다. 그러나 단기목표가 달성되었다고 해도 장기목표가 성공된다는 보장은 없다. 시기가 유리하게 작용했거나 일시적인 인기로 목표가 쉽사리 달성되었을지도 모르기 때문이다.

그러므로 늘 장기목표와 단기목표를 잘 조화해나갈 필요가 있다. 항상 우선적인 것은 장기목표다. 운전할 때 먼 앞을 먼저 바라보고 그다음에 가까운 곳을 바라보는 것과 같은 이치다.

장기목표는 단기목표 여러 개로 나누는 것이 효율적이다. 그리고 행동할 때는 한 가지 단기목표에 집중해서 그것을 달성하면 효율적이다. 그러면 자신감을 얻어서 추진력이 생긴다. 작은 성공이 큰 성공을 부르는 법이다.

문장으로 쓴 목표의 예

목표에는 달성해야 할 구체적인 결과, 마감시각, 달성 가능성이 포함되어야 한다. 따라서 막연해서는 안 되고, 마감시각이 불분명해서도 안 되며, 현실을 무시하고 의욕만 앞세워서도 안 된다. 다음은 좋은 목표의 속성을 가진 문장들이다.

- 늦어도 30세 전까지는 교육학 박사학위를 취득한다.
- 올 연말까지 체중을 3킬로그램 감량한다.
- 3년 안에 부모님을 미국 여행 보내드린다.
- 3년 안에 3,000만 원을 저금한다.
- 올해 책을 최소한 50권을 읽는다.
- 올해 전국 명산을 적어도 10곳 등반한다.
- 3년 안에 스페인의 순례길인 산티아고의 길 800킬로미터를 완주한다.

- 봄, 가을로 아내의 옷을 1벌씩 사준다.

- 올해 새로운 요리법 1가지를 익힌다.

- 올해 새로운 노래를 5곡 배운다.

- 올해 가족과 함께 제주도로 여행을 간다.

- 은퇴 전에 가족과 함께 유럽 여행을 한다.

4장

우선순위 결정

우리가 우선적으로 여기는 일을 해낼 만한 시간은 항상 우리에게 있다.

We always have time for the things we put first.

항상 자신이 해야 할 일이 적당한 분량으로 자기 앞에 놓여 있다면 얼마나 좋을까?

그렇다면 다른 생각 없이 그 일에만 집중하면 된다.

그러나 크고 작은 일, 중요한 일과 긴급한 일, 쉬운 일과 어려운 일, 예기치 않은 일 등이 복잡하게 얽혀서 다가온다. 마치 거리의 교통이 혼잡한 상황과 비슷하다.

꽉 막힌 도로에서 교통정리를 잘해야 하듯이 일에서도 교통정리를 잘해야 한다.

그렇지 않으면 혼란스럽고 스트레스만 더욱 늘게 된다.

직장인이 두 사람 있다. 한 사람은 출근할 때부터 퇴근할 때까지 매우 바쁘게 일한다. 직장 일을 그가 혼자 다하는 듯이 보인다.

그런데 저녁나절에 보면 이루어놓은 것은 별로 없다.

다른 한 사람은 항상 여유 있어 보인다.

하지만 퇴근 즈음에는 한 일이 많아 보고할 것이 많다.

주부가 두 사람 있다. 한 사람은 아침부터 늘 부산하게 정신없이 움직인다.

그런데 저녁에 하루를 돌아보면 무엇을 했는지 자기도 알지 못해 허탈해진다.

다른 사람은 차분히 움직이며 늘 여유가 있다.

그런데 충실하게 일을 완성해서 저녁에는 행복감에 젖는다.

이 두 사례에서 같은 시간에 같은 일을 하지만 어떤 부류는 성과를 거두지 못하고 어떤 부류는 성과를 거둔다. 그 차이가 왜 생기는가?

물론 각각 역량이 다른 원인도 있지만 가장 중요한 원인은 '우선순위'를 결정하는 능력이 다르기 때문이다.

우선순위란 무엇인가

우선순위는 영어로 'priority'라고 하는데, 이 말은 어떤 목표나 과제나 일이 다른 것보다 더 중요해서 먼저 처리해야 한다는 의미다. 목표와 관련해서 설명한다면 우선순위는 '더 중요한 목표를 선택하는 것'이라고 할 수 있다. 그러면 왜 우선순위를 정해야 할까?

외부 요인으로는 우리 앞에 해야 할 일이 수없이, 그리고 무질서하게 몰려와서 그것들을 조정해야 할 필요가 있기 때문이다. 우리가 처리해야 할 일들은 어떤 때는 너무 한가하게 오고, 어떤 때는 한꺼번에 몰려온다. 그래서 일을 적당히 조정해야 한다.

내부 요인으로는 우리에게 주어진 시간과 에너지가 제한되어 있기 때문이다. 또 모든 것이 중요하게 보여서 어떤 것을 먼저 처리해야 할지 모르기 때문이다. 이런 이유들로 나 자신의 시간과 에너지에 맞도록 일을 중요도에 따라 분류해 꼭 해야 할 일에 중점을 두어

해야 한다.

역사가들은 나폴레옹을 불세출의 명장으로 기록하고 있다. 그에게도 유산 일부를 남겨줄 만큼 고마운 은인이 있었으니 그는 외과의사 도미니크 장 라레[Dominique Jean Larrey]였다. 라레는 이집트에서 워털루까지 수많은 전쟁터를 빠짐없이 종군했다. 러시아 원정 때는 하루에 200여 회나 수술을 집도한 적도 있다.

나폴레옹의 연전연승에는 라레가 이끄는 의무부대의 이런 헌신이 뒷받침되었다. 전투가 벌어지면 다수의 부상병이 한꺼번에 발생한다. 시간에 쫓기고 손이 달리는 상황에서 부상병을 신속히 분류, 치료하는 능력이 필요하다. 라레는 이를 잘 체계화했기에 '트리아지[triage]'라는 프랑스어가 오늘날 국제통용 의학용어로 자리잡았다.

그는 치료 여부와 관계없이 사망할 자, 즉시 치료가 필요한 자, 치료를 늦출 수 있는 자 등 우선순위를 올바로 정하여 많은 성과를 거두었다. 오늘날에도 이 방법이 전쟁터에서 군의관이 택하는 핵심과제다.

1995년 6월 29일에 삼풍백화점이 붕괴되어 1,000여 명의 사상자를 냈다. 그때 의료진에서는 사람들을 어떻게 구출해야 할지 몰라 갈팡질팡하였다. 환자가 대량 발생했을 때 가장 중요한 것은 현장에서 신속하게 환자를 분류하는 것이다.

긴급, 응급, 비응급, 지연(사망자) 순으로 이동순서를 정한 뒤 앰뷸런스가 오는 대로 이송해야 한다. 긴급 중증환자를 가장 가까운 대학병원으로 옮기고, 경증환자는 멀리 떨어진 병원으로 이송해야 한다. 사망자는 가장 나중에 이송한다. 살릴 수 있는 사람부터 빨리 이송해야 하기 때문이다.

하지만 그날 현장에서는 이런 원칙이 전혀 지켜지지 않았다. 중증환자와 경증환자가 뒤섞여 아비규환이었다. 우선순위에 관한 매뉴얼만 지켰어도 더 많은 생명을 살렸을 것이다.

우선순위를 정하지 못한 삶

일상을 잘 살펴보면 별 생각 없이 살아가는 경우가 허다하다. 그러니 결과가 좋을 리 없다. 시간이 부족하다는 문제보다는 우선순위를 정하지 않거나 잘못 정하는 것이 더 문제다. 다음과 같은 행동을 많이 하지 않는지 살펴보라.

- 책상에 놓인 것 중 눈에 보이는 대로, 손에 잡히는 대로 한다. 즉, 닥치는 대로 한다.
- 자기가 좋아하는 것을 먼저 한다.
- 어려운 일보다는 쉬운 일을 먼저 하려고 한다.
- 일이 다가오는 대로 처리한다. 즉, 전화가 오면 전화하고 편지가 오면 답장한다.
- 다른 사람이나 외부의 의견에 따라 무비판적으로 결정하고 따라간다.

그래서 자신이 해야 할 일과는 관계없는 일을 하게 된다.

- 과거에 해온 방식대로 일을 처리한다. 즉, 시대가 변했음에도 행동방식
은 고치려고 하지 않는다.
- 시간이 더 있으면 더 좋은 일을 할 수 있는데 하는 생각을 자주 한다.
- 지금 자신이 무엇을 해야 할지 몰라 당황한다.
- 하루 스케줄을 전혀 만들지 않고 살아간다.
- 휴일을 효과적으로 이용하지 못한다.

우리는 매사에 신중하게 생각하며 살아야 한다. 두세 번만 더 생각하고 결정해도 많은 유익이 따른다.

매사를 시작하기 전에 '어떤 일을 먼저 해야 하나?', '어떤 일을 나중에 해야 하나?', '어떤 일을 하지 말아야 하나?'라는 질문을 하고 시작하기만 해도 시간낭비, 돈낭비, 에너지낭비를 엄청나게 줄일 수 있다. 우선순위를 세우지 않거나 우선순위를 잘못 정해 삶에서 엄청난 낭비를 하고 손해를 보게 되는 것이다.

흑자인생을 살려면

우선순위를 정하는 능력은 시간관리에서 가장 중요한 부분일 뿐만 아니라 인생을 흑자로 운영하기 위해 반드시 필요한 능력이다. 인간의 운명은 운수에 따라 결정되는 것이 아니라 순간순간의 선택과 결단에 따라 이루어진다. 올바른 선택과 결단은 행복과 번영으로 인도하지만 그릇된 선택과 결단은 불행과 몰락으로 이끈다.

인간의 능력과 시간과 환경은 한계가 있다는 것을 솔직히 인정해야 한다. 그 한계 안에서 어떤 일을 먼저 해야 할지 늘 생각해야 한다. 당연히 중요도가 낮은 일은 뒤에 하거나 포기해야 한다.

삶은 순간마다 우리에게 우선순위를 결정하도록 요구한다. 더 많은 시간을 원하기보다는 우선순위를 잘 결정하는 것이 훨씬 현명한 일이다.

그런데 문제는 사람들이 우선순위를 잘 결정하지 못한다는 것이다. 시대가 너무 빨리, 자주 변하고 사회가 다양해지면서 정보가 한 없이 쏟아져 나오다 보니 우선순위를 정하는 데 어려움을 느끼고 있다. 그런데 우선순위 결정은 개인의 삶뿐만 아니라 기업이나 국가 운영에서도 매우 중요하다는 것을 인식할 필요가 있다. 우선순위를 잘 정하면 다음과 같은 효과를 볼 수 있다.

첫째, 목표와 행동에 질서를 부여하므로 서두르지 않고 순조롭게 일을 해나갈 수 있다.

둘째, 각 업무의 중요도를 식별할 수 있어서 중요하고 필수적인 일을 먼저 처리할 수 있다.

셋째, 마감기한이 정해진 업무를 처리하는 데 필요한 구체적인 행동을 정할 수 있다.

넷째, 적은 시간을 일해도 많은 효과를 거둘 수 있다.

다섯째, 일을 방해하는 요인과 낭비를 최소한으로 줄일 수 있다.

여섯째, 목표들 간의 충돌을 막을 수 있다. 따라서 마음의 갈등도 없애주고 대인관계에서도 이해상충을 피할 수 있다.

일곱째, 흑자인생을 살 수 있다. 이것은 세월이 가면 갈수록 더 효과를 발휘한다. 올바른 일에 시간과 물질과 노력을 올바로 투자했기 때문이다.

'바쁘다, 바빠'라는 말을 입에 달고 다니는 사람들이 있는데, 이는 시간관리를 잘하지 못하는 이들의 푸념이다. '시간이 없어서 못했다'는 말도 핑계에 불과하다. 시간이 없어서 일을 못한 것이 아니라 그 일이 그렇게 중요하지 않다는 말이다. 누구나 중요한 일에는 늘 시간을 낼 수 있다. '바쁘다, 바빠'라는 말을 이제부터는 결코 사용하지 말고 자신이 무엇을 먼저 해야 할지에 집중하기 바란다.

일상에서 우선순위 감각을 활용해 일을 처리하면 매우 유익하다. 일이 많을 경우 그것을 다히려고 히둥대지 말고 핵심적인 것을 몇 가지 골라서 잘해내는 것이 현명하다. 일이 많으면 해야 할 일의 목록을 기록하는 것만으로도 무엇을 해야 할지가 분명해진다.

우선순위를 올바로 정한 사례 1 ──────────

미국의 찰스 슈왑Charles Schwab이 베들레헴 철강의 회장이었을 때 아이비 리Ivy Lee라는 회사고문에게서 간단한 아이디어를 제시받은 적이 있다. 아이비 리는 그 아이디어가 회사 간부들의 노동생산성을 크게 증대시킬 것이라 보장했다. 그가 제안한 것은 5가지다.

1 내일 당신이 하고 싶어하는 중요한 것을 6가지 적으시오.
2 그것들을 중요도에 따라 번호를 매기시오.
3 아침에 제일 먼저 1번 순위의 일만 바라보시오.
4 1번 순위의 일이 완성될 때까지 1번만 계속하시오.
5 나머지 열거된 것도 똑같은 방식으로 하시오. 한 번에 한 가지씩 그날을 마칠 때까지 이런 식으로 하시오.

찰스 슈왑은 제안을 받아들여 전 직원이 이것을 실시하도록 했다. 당시 회사는 적자에 허덕이고 있었는데 이 방식대로 모두 노력한 결과 3개월 뒤에는 흑자로 돌아설 수 있었다. 그리고 아이비 리에게 2만 5,000달러를 주며 감사 인사를 표시했다.

우선순위를 올바로 정한 사례 2

L씨는 중진 피아니스트로 일주일에 두 번 대학에 강의를 나가고 개인 레슨도 한다. 그런데 그녀는 하루에 최소한 3시간은 꼭 연습해오고 있다.

그녀는 일일계획표를 작성할 때 제일 먼저 피아노 연습시간을 할당한다. 주로 이른 아침과 오전에 배당하지만 공적인 일이 생길 때는 저녁시간에 배당하기도 한다. 개인적인 약속은 특별한 경우를 제외하고는 오후 3시 이후로 정한다.

우선순위를 올바로 정한 사례 3

K씨는 자동차 판매업을 하고 있다. 그는 작년에 '판매왕'에 오를 만큼 영업 실적이 탁월하다. 그의 영업 비결 중 하나는 탁월한 고객 관리다.

그는 자신의 고객명단을 컴퓨터에 입력해놓고 관리하는데 모든 고객을 단골고객과 일반고객으로 구분해놓았다. 그리고 단골고객을 A, B, C로 등급을 매겨서 각각 다른 방식으로 관리한다.

예를 들면 A급 고객에게는 정기적으로 전화를 하고 연하장을 보내며 생일에는 커다란 케이크를 사들고 직접 찾아가는 등 최상의 대우를 한다.

우선순위를 잘못 정한 사례 1 ——————

C씨는 한국의 한 대학에서 성악을 전공한 뒤 이탈리아 보 음대로 유학 가서 공부하게 되었다. 유학 가서 처음 맞은 방학 중에 여행사 소개로 한국에서 온 여행단을 안내할 기회가 생겼다.

그는 수입도 짭짤하고 재미도 있어 다음 학기에 휴학하고 여행 안내자가 되었다. 그렇게 3년이 지났지만 그는 복학을 하지 못하고 여행 안내하는 일만 계속하고 있다.

우선순위를 잘못 정한 사례 2 ——————

J사장은 벤처사업을 시작하여 단시일에 대단한 성공을 거두었다. 이런 사실이 매스컴에 알려지면서 방송에도 나가게 되었고, 각종 기업체에서도 강의 요청이 쇄도해서 매일 외부활동으로 바쁜 시간을 보냈다.

그러나 얼마 지나지 않아 회사는 부도가 나고 말았다. 부도가 난 가장 큰 이유는 경영자가 사업을 돌볼 시간이 없었기 때문이다. 그는 자신에게 가장 중요한 일은 방송과 강연이 아니라 사업을 돌보고 새로운 것을 개발하는 것이라는 점을 뒤늦게 깨달았다.

우선순위를 잘못 정한 사례 3

P여사는 모 종교단체 활동을 열심히 하는 신자다. 직장에 다니는 남편과 초등학교에 다니는 사내아이가 둘 있다. 그녀는 아침식사만 마치면 종교단체에 가서 여러 활동에 참여하고 밤늦게 집에 온다. 철야를 하고 새벽에 집에 들어오는 때도 많다.

두 아들은 항상 제대로 씻지도 않고 옷도 초라하게 입고 다닌다. 사람들은 아이들이 고아인 줄 안다. 남편이 부인에게 집안일에 충실하라고 하지만 그럴 때마다 부인이 이혼하자고 해서 남편은 이러지도 저러지도 못하고 있다.

우선순위를
정하기 어려운 원인

사람들은 왜 우선순위를 제대로 정하지 못할까?

첫째, 인간의 판단력이 부족하기 때문이다. 또 깊이 생각할 시간을 갖지 않고 쉽게 결정하기 때문이다.

둘째, 개인의 성향에 따라 결정하기 때문이다. 자기가 좋아하는 일, 재미있는 일, 관심 있는 일을 먼저 하려는 경향이 누구에게나 있다.

셋째, 문화, 전통, 관습, 규율, 분위기에 따라가는 경향이 있기 때문이다. 제도적인 것들은 개인적으로 저항하기 힘든 요소다.

넷째, 시대가 다양해지고 복잡해져 취사선택이 어려워졌기 때문이다.

다섯째, 개인의 의지와 주체성이 약해서 다른 사람의 의견에 따라가거나 환경에 지배를 받기 때문이다.

오늘날 우리 주위는 너무 많은 것으로 넘쳐나고 있다. 그것이 선택을 어렵고 피곤하게 만든다. 너무 많은 옷, 너무 많은 집, 너무 많은 자동차, 너무 많은 텔레비전 채널, 너무 많은 의견, 너무 많은 종교, 너무 많은 신문과 잡지들, 너무 많은 건강보조제, 너무 많은 볼거리가 선택을 어렵게 한다.

우선순위를 정하는 원칙

우선순위를 정하는 것은 아주 간단한 것에서부터 아주 복잡한 것에 이르기까지 범위가 대단히 넓다. 어떤 음식을 먹어야 하고 어떤 옷을 입어야 하는지를 결정하는 것은 간단한 일이다.

그러나 결혼, 이사, 취업, 이민 등의 문제는 그리 간단한 일이 아니다. 더 나아가 국책사업이나 대외정책이나 외교적인 문제를 결정하는 것은 매우 복잡하고 어려운 일이다. 하지만 어떤 경우든 선택과 결정을 올바로 하려고 노력해야 한다.

다음은 우선순위를 올바로 결정할 수 있는 원칙들이다.

첫째, 작은 일이든 큰 일이든 심사숙고해서 결정해야 한다. 기분보다는 이성에 따라 판단하고 될 수 있는 한 객관적으로 생각해야 한다. 또 소문만 듣고 결정하지 말고 다양하고 효과적인 정보에 근거해서 결정해야 한다. 간단한 문제는 당장 결정해야 한다. 그렇지만 당장 결정하기 어려운 문제는 시간을 좀 두고 생각한 뒤 결정하는 것이 좋다. 그리고 자신의 능력 밖에 있는 어렵고 전문적인 일은 전문가에게 의뢰해서 처리하도록 하는 것이 훨씬 슬기로운 자세다.

둘째, 중요한 일과 긴급한 일을 구분하는 감각을 기르고 항상 중요한 것을 먼저 한다. 중요한 것은 목표와 관련되어 있고 긴급한 것은 시간과 관련되어 있다. '중요한 것'인지를 알아내려면 '내가 그것을 지금 하지 않으면 문제가 발생할까?'라는 질문을 던져본다. 이 질문에 '아니요'라는 대답이 나오면 그 일은 중요하지 않은 것이다.

셋째, 평소에 우선순위가 가장 높은 일은 자신의 기본업무와 책임이라는 점을 명심해야 한다. 의사에게는 환자의 생명을 구하는 것이 최우선이고, 학생에게는 공부하는 것이 최우선이며, 보초병들에게는 보초를 서는 일이 최우선이다.

넷째, 위기에 가장 우선순위가 높은 일은 생명을 보존하는 일, 위기를 빨리 해소하는 일, 문제를 빨리 해결하는 일이다. 즉시 결단하고 매우 신속하게 행동해야 한다.

다섯째, 다른 사람이 나에게 개인적으로 부탁하는 일은 대체로 낮은 우선순위의 일이다. 따라서 내 기본적 책임을 수행한 다음에 시간과 능력이 있으면 처리해주는 것이 좋다. 자기 가족보다 남에게 더 친절한 사람은 우선순위를 잘못 정한 것이다.

여섯째, 쉬운 일과 좋아하는 일만 골라서 하면 안 된다. 우선순위의 표준은 어디까지나 '중요도'다. 그 일이 중요하면 싫어도 해야 한다.

일곱째, 해야 할 일이 많을 경우 모든 것을 다 하려고 하기보다는 중요한 일을 몇 가지 골라서 거기에 몰두해야 한다. 중요한 일에 시간과 노력과 재능을 투입하면 상대적으로 큰 효과를 거두게 된다.

여덟째, 가끔 예외도 인정해야 한다. 즉, 시간과 물질의 투자에 비해서 이익이 많을 경우는 중요도가 덜해도 한번 해볼 만하다. 그러면 뜻하지 않게 행운을 잡을 수도 있다. 그리고 작은 일이라 해서 무조건 무시해서는 안 된다. 상대방이 여러 번 요청할 때는 손해 보는 셈치고 한 번쯤 허용하는 것이 인간관계를 유지하기 위해서도 필요하다.

아홉째, 자신이 아무리 좋아하는 일이라도 한 가지 일에만 매달려서는 안 된다. 삶은 균형과 조화를 이루어나가야 한다. 이런 면에서 중독에 빠진 사람은 우선순위 감각을 상실했다고 볼 수 있다.

열째, 시시때때로 '지금 어떤 일을 하는 것이 좋은가?'라는 질문을 자신에게 던져 우선순위를 분명히 하는 것이 좋다.

열한째, 우선순위를 지켜나가야 한다. 중요한 일은 한 번에 하나씩 집중적으로 처리해나간다. 한 가지 일이 완성되지도 않았는데 다른 일을 시작하면 우선순위가 바뀌어 혼란스럽다.

열두째, 상황이 바뀌고 세월이 흐름에 따라 우선순위가 달라진다는 점을 이해해야 한다. 그래서 그때그때 가장 적합한 우선순위를 다시 세워야 한다. 결혼하면 혼자였을 때와는 우선순위가 달라진다. 또 과장에서 부장으로 승진해도 우선순위가 달라진다.

열셋째, 지금은 손해가 되더라도 장기적으로 이익이 되는 것을 택하는 것이 지금은 이익이 되어도 장기적으로 손해 보는 것보다 낫다. 이 원리는 다방면으로 적용할 수 있다. 추진하던 사업이 '밑 빠진 독에 물 붓기'라고 판단되면 곧 중단하는 것이 이익이 되고, 국가의 위신보다는 안보를 택하는 것이 더 슬기롭다. 우선순위를 잘 선택하기 위해서는 항상 장기적인 안목을 갖고 먼 앞날을 내다보아야 한다.

앞의 원칙을 여러 번 읽고 실행하면 우선순위 결정능력이 크게 향상될 것이다.

인생은
선택과 결단의 연속이다

사람은 아침에 일어나서 밤에 잠자리에 들 때까지 수많은 선택과 결정을 한다. 언제 일어날까, 어떤 옷을 입을까, 어떤 음식을 먹을까, 언제 출근할까, 무슨 차를 타고 갈까, 무슨 일을 할까, 누구를 만날까, 언제 잠자리에 들까 등 선택과 결정을 많이 하며 산다.

이렇듯 인생은 선택과 결정의 연속이다. 다른 말로 표현하면 어떤 것을 우선시하며 사느냐는 것이다.

인생 전반에서 보편적으로 중요한 선택과 결정 세 가지는 직업 선택, 배우자 선택, 종교 선택이라 할 수 있다. 이 세 가지를 모두 잘 선택하면 승승장구하겠지만 잘못 선택하면 아무리 노력해도 힘든 인생길이 될 것이다.

한 대학교수는 인생의 교훈을 이렇게 요약했다.

"갈까 말까 할 때는 가라. 살까 말까 할 때는 사지 마라. 말할까 말까 할 때는 말하지 마라. 줄까 말까 할 때는 줘라. 먹을까 말까 할 때는 먹지 마라."

물론 말은 이렇게 쉽게 할 수 있지만 사실 선택과 결정은 하기가 어렵다. 왜 나중에 후회하는가? 주요 원인은 선택과 결정을 잘하지 못하기 때문이다.

고대 이스라엘 지도자 모세는 이스라엘 백성들에게 "내가 생명과 사망과 복과 저주를 네 앞에 두었은즉 너와 네 자손이 살기 위하여 생명을 택하라"라는 메시지를 간곡히 전했다. 대대로 성공하고 번영하고 평화롭게 살려면 올바른 것을 선택하라는 것이다. 선택과 결정은 인생의 방향과 운명 전체를 지배한다. 그러므로 비록 사소한 일이라고 해도 선택과 결정을 신중하게 하는 노력이 필요하다.

일의 우선순위 올바로 정하기 연습

사람은 대부분 자기가 중요한 일을 하고 있다고 착각하며 살아간다. 자기가 바쁘다고 생각하며 열심히 일한다고 인정받기를 원한다. 하지만 이것은 자기를 속이는 일이다. 실제로 일상의 많은 시간은 중요하지 않은 일 때문에 소비된다. 사람들은 대부분 우선순위 지향적으로 살아가지 않고 행동 지향적으로 살아간다.

일반 직장인이나 공무원이나 군인 등 조직생활을 하는 사람들의 특징은 빡빡한 스케줄과 과중한 업무 속에서 조직의 요구를 이뤄내야만 한다는 점이다. 그래서 주어진 시간은 항상 너무 부족하게 느껴진다.

그런데 똑같은 근무환경인데도 스케줄을 잘 관리하면서 여유를 가지고 사는 사람이 있다. 같은 조건에서도 다른 사람보다 더 많은 것을 성취하는 것인데, 이들의 우선순위 결정력은 다른 사람보다 탁월하다. 만약 일에 파묻혀 거기서 헤어나오지 못하는 사람이 있다면 그 사람의 우선순위 결정에 문제가 있다고 할 수 있다.

일반적으로 사람들은 히루 8시간 일힌다. 우신순위를 잘 정하려면 자신의 현재 상황, 즉 현실을 제대로 분석해야 한다. 사람들은 지금까지 해오던 습관이 있기 때문에 깊이 자각하지 않는 한 종전의 태도를 바꾸려 하지 않는다. 다음과 같은 방법을 통해 업무의 우선순위를 바로잡아보자.

1 자신의 현재 직책과 그 직책에 따른 중요한 역할 5가지를 분명히 기록한다.

직 책 :
역할 1 :
역할 2 :
역할 3 :
역할 4 :
역할 5 :

2 자신의 업무 전반에 대해 기록한다. 다음과 같은 양식을 활용해 지난한 달의 활동을 근거로 기록할 수 있는 것은 모두 기록한다.

업무목록	예정 시간	걸린 시간	재미의 유무	복잡성의 유무	중요도

중요도는 다음과 같이 5단계로 분류한다.

A : 중요하고 긴급한 것. (예) 내일 10시까지 회장에게 보고, 문제해결에 대한 아이디어 제시

B : 중요하나 긴급하지 않은 것. (예) 직원 연수, 정기적 회의, 부하와의 면담

C : 긴급하나 중요하지 않은 것. (예) 고객을 만남

D : 긴급하지도 중요하지도 않은 것. (예) 잡무, 정기간행물 읽기

E : 시간 낭비적인 일. (예) 개인적인 전화, 잡담

3 **기록한 것에 대해 다음 질문을 토대로 평가한다.**

① 중요도가 높은 일에 시간을 많이 투자했는가?

② 예정보다 시간이 더 걸린 일은 무엇인가?

③ 주도적으로 행동하는 쪽인가, 아니면 반응하는 쪽인가?

④ 마감시각을 여유 있게 잡아 행동하는가, 그렇지 못한가?

⑤ 나는 중요한 일을 하는가, 단지 좋아하는 일을 하는가?

4 평가를 마쳤으면 재조정한다.

업무의 우선순위를 올바로 정하는 일은 어렵다. 진정한 성과를 얻으려면 우선적인 일에 집중해야 한다. 앞에서 정한 중요도 중 A, B의 업무와 나머지 업무가 각각 50 대 50인 경우가 적합하다. 모든 활동이 A나 B일 수는 없다. 이제 다음과 같은 양식으로 업무를 다시 옮겨 기록해보자.

효과가 높은 업무의 우선순위 정하기

업무목록	등급	시간배정비율(%)

5장

계획 세우기

계획 없이 시작한 날은 혼돈으로 끝난다.

The day that starts without a plan will end in chaos.

옛날 어느 임금이 며느릿감을 찾으려고 전국에 방을 붙였다.

그가 내건 며느릿감의 자격은 다음과 같았다.

"쌀 한 말을 가지고 자신과 남자 일꾼, 여자 일꾼 이렇게 셋이 한 달을 살아야 한다."

전국의 수많은 처녀가 임금의 며느리가 되고 싶어서 도전했다.

그러나 아무리 쌀을 아껴서 밥을 지어 먹어도 열흘을 넘길 수 없었다.

결국 모두 도중에 포기하고 말았다. 쌀 한 말 가지고 세 사람이 한 달을 견디는 건 불가능한 일이었다. 그러던 어느 날, 한 처녀가 자신이 해보겠다고 나섰다. 그 처녀는 임금이 그런 조건을 내건 데는 뭔가 특별한 이유가 있을 거라고 생각했다. 그 처녀는 다음과 같이 계획을 짰다.

- 첫째 날은 하루 세 끼 밥을 지어서 남자 일꾼, 여자 일꾼과 함께 배불리 먹는다. 그리고 모두 푹 쉰다.
- 둘째 날은 남자 일꾼에게 산에 가서 땔감을 해다가 시장에 내다 팔게 해서 돈을 번다. 여자 일꾼에게는 동네를 돌아다니며 삯바느질거리를 모아오게 한다. 자기와 여자 일꾼이 함께 삯바느질을 해서 돈을 번다.
- 일주일이 지나면 먹을 쌀이 없어질 것이다. 그때 그동안 번 돈으로 쌀가게에 가서 쌀을 사온다.
- 이렇게 날마다 일하고 돈을 벌어서 마지막 날에는 최소한 100냥을 남긴다.

그 처녀는 자기가 짠 계획대로 착착 실행했다. 그랬더니 세 사람이 매일 밥을 넉넉하게 해 먹고도 한 달 뒤 쌀이 남았을 뿐만 아니라 돈 100냥도 저축할 수 있었다.

이 처녀는 쌀과 돈을 시험관에게 보여주었다. 시험관의 보고를 받은 임금은 그 처녀의 지혜에 감탄하였다. 물론 그 처녀는 당당히 임금의 며느리가 되었다.

이 처녀는 계획을 잘 세워서 뜻한 바를 이룬 것이다.

계획은 무엇인가

시간관리는 곧 '계획'이라고 할 만큼 계획을 잘 세우는 것이 가장 훌륭한 시간관리 방식이다. 벼락치기로 공부하는 학생이 좋은 성적을 거둘 수 없다. 어떤 행사를 즉흥적으로 치른다면 시간과 돈과 노력을 낭비할 뿐이다.

5분이라는 짧은 시간도 계획적으로 사용하면 계획 없이 흘려보내는 1시간보다 더 효과를 거둘 수 있다. 1만 원이라도 계획적으로 사용하면 계획 없이 쓴 10만 원보다 훨씬 나은 결과를 거둘 수 있다. 그러니 아무리 바빠도 차분하게 계획을 세우고 행동해야 한다.

목표를 설정하고 우선순위를 정했어도 그것이 백일몽이 되기는 아주 쉽다. "다음에 하지", "기회가 오면 하지", "좋은 협력자가 나타나면 하지" 등의 말로 목표를 공상으로 만들어버릴 수 있다. 이래서는 결코 목표에 도달할 수 없다. 목표를 달성하려면 방법을 찾아내야 한다. 그 방법을 추구하는 과정이 바로 계획이다. 준비, 구상, 기획, 조직, 과정, 생각, 예측, 설계, 방침, 정책, 전략, 작전, 시나리오 등은 모두 계획과 동의어다.

계획은 '목표를 달성하는 과정'이라고 정의할 수 있다. 즉 목표를 달성하기 위해 수단과 방법을 조직하는 것이다. 행동을 하기 전에 무엇을 해야 하며, 어떤 절차를 택해야 하는지 구체화하는 것이 계획이다.

목표와 관련지어 계획을 설명해보자. '제주도에 간다'는 것을 목표로 정했다면 거기에 가는 방법을 구체적으로 정하는 것이 바로 계획이다. 언제 떠나서 언제 돌아오며, 교통수단은 무엇을 이용하고 숙식은 어떻게 하며, 누구와 함께 가고, 어느 코스를 택하며, 경비는 얼마나 드는지 등을 미리 정하는 것이다.

세계적인 관광지가 된 제주도는 과거와는 전혀 다른 모습으로 바뀌어 볼거리가 많다. 따라서 관광계획도 다양하게 세울 수 있다. 어린이 중심이나 노인 중심 혹은 부부 중심으로 계획을 짤 수 있다. 여행 정보를 많이 알아 계획을 잘 짤수록 여행을 충실히 하고 더 즐길 수 있다.

목표와 계획은 긴밀히 연관되어 있다. 그래서 목표에 따라서 계획도 달라진다. 제주도에 가는 목적이 관광이냐, 세미나 참석이냐에 따라 계획도 달라지는 것이다.

크든 작든 하나의 일을 제대로 이루기 위해서는 목표가 분명해야 하고, 계획은 치밀해야 한다. 그런데 사람들이 실패하는 이유는 대개 다음과 같은 2가지를 들 수 있다. 첫째는 사전에 계획을 세우지 않고 행동하기 때문이고, 둘째는 계획을 세우긴 하는데 부적절한 계획을 세우기 때문이다. 그래서 "계획을 잘못 세우면 실패하기 위해서 계획하는 것이다"라는 말도 생겨났다.

시대가 복잡하고 삶이 다양해질수록 계획의 중요성은 커진다. 계획은 곧 생존의 조건이기 때문이다. 주먹구구식으로 살던 시대는 지난 지 오래되었다. 계획하는 힘은 시대를 앞서가는 원동력이다.

계획의 중요성은 무엇인가

그렇다면 계획의 중요성은 무엇이며 계획은 우리에게 어떤 유익을 가져다줄까?

첫째, 계획은 목표를 효과적으로 달성하게 한다. 잘 짜인 계획은 좀 더 나은 결과를 거두게 한다. 계획을 세우면 자원과 기회를 잘 활용할 수 있다. 계획을 잘 세우면 이미 반은 성공한 것이나 마찬가지다.

둘째, 시간과 물질과 노력을 최대한 절약하게 해준다. 시간과 물질과 노력을 잘 배분하면 할수록 여유를 많이 가질 수 있다. 예를 들어 아침에 그날 하루 계획을 10분 동안 세우면 시간을 2시간 정도 절약할 수 있다. 또 계획은 더 정확하면서도 수준 높은 일을 할 수 있게 해준다. 하루에 10여 분 계획 세우는 시간이 이후의 모든 시간에 영향을 미치는 것이다.

셋째, 만족감과 사기를 높여준다. 계획은 심리적으로 매우 유익한 결과를 가져온다. 개인적으로는 만족감을 주고 단체의 사기를 증진한다.

넷째, 화나는 일과 두려운 일을 사전에 방지한다. 사람들은 무엇을 어떻게 해야 할지 모르기 때문에 두려워하고 당황한다. 계획하지 않거나 계획에 실패하면 짜증도 많이 나고 두려움 속에서 살게 된다.

다섯째, 스트레스를 예방해준다. 계획은 여유를 가지고 일을 처리할 수 있게 하기 때문에 조급함과 긴장감에서 벗어나게 한다. 그래서 정신건강에 도움을 준다.

여섯째, 계획은 평가의 근거를 제공하기 때문에 평가를 효과적으로 하는 데 도움을 준다.

일곱째, 매사에 승리를 가져온다. 각종 경기에서 승리하려면 계획성 있게 훈련하고 전략을 잘 짜서 실전에 임해야 한다. 전략도 일종의 계획이다. 또 각종 시험 준비나 선거 준비 같은 경우도 승리할 수 있는 가장 중요한 요건은 바로 계획하는 힘에 있다.

계획은 생존의 조건이다

옛날에는 사회가 복잡하지도 않았고 이용할 수 있는 자원과 수단도 별로 많지 않았다. 따라서 특별히 계획을 세우지 않아도 그럭저럭 살아갈 수 있었다. 그러나 지금은 계획이 철저하지 않으면 살아가기 힘든 세상이다. 그러므로 그럭저럭 살아가면 어떻게 되겠지 하는 생각은 추호도 하지 말아야 한다.

1911년 두 탐험대가 처음으로 남극을 정복하기 위해 길을 떠났다. 하나는 노르웨이 사람 아문센Roald Amundsen의 팀이고 다른 하나는 영국 사람 스콧Robert Falcon Scott 경의 팀이었다.

아문센은 탐험을 떠나기 전에 철저하게 계획하였다. 우선 에스키모들의 경험담과 여행 기술을 철저히 분석하여 장비와 통행로를 결정했다. 여러 마리 개가 끄는 썰매로 사람과 장비를 운반하는 것이 최선의 방책임을 간파한 그는 개 썰매몰이 전문가들과 숙달된 스키

어들을 대원으로 뽑았다.

하루에 6시간, 21~32km씩 움직이는데, 체력 한계를 고려하여 캠프를 세우고 물자를 풍부하게 준비해두어 탐험대가 지고 가는 짐을 최소한으로 줄였다. 이렇게 아주 치밀하게 사전 계획을 한 덕에 아문센의 탐험팀은 모두 무사하게 남극점을 정복하고 돌아왔다.

반면에 해군장교 출신인 스콧은 사전 답사를 하지 않았고, 모터엔진으로 끄는 썰매와 망아지들을 이용했다. 길을 떠난 지 닷새 만에 모터엔진은 얼어붙었고 망아지들도 얼어 죽었다. 할 수 없이 탐험대가 90kg이 넘는 짐을 지고 가는데, 복장과 장비를 제대로 안 챙겨 모든 대원이 동상에 걸리는 바람에 하루에 한 시간도 걷지 못했다.

중간 보급 캠프에는 물자가 충분하지 않았고 그나마 표시도 잘 안 되어 있었다. 그런 식으로 10주 동안 1,290km를 걸어서 남극점에 도달했지만 그곳에는 아문센 일행이 한 달 전에 꽂아놓은 노르웨이 깃발이 펄럭이고 있었다.

그 뒤 2달에 걸쳐 돌아오는 길에 굶주림과 추위로 대원들은 차례로 죽어갔고 나중에는 스콧 대장도 죽었다. 이 일은 후대인들에게 많은 교훈을 준다. 성공은 강한 의욕이나 풍부한 자원만으로 이룰 수 있는 것이 아니라 철저한 계획으로 이룰 수 있다는 것을 깨우쳐 주는 교훈이다. 주어진 조건과 환경에서 잘 살려면 생활을 계획적으로 해야 한다.

앞서 남극 정복의 성공과 실패를 가른 것이 바로 치밀한 계획 여부이었듯이 시간에 대해서도 치밀한 계획이 반드시 필요하다. 일생 동안 80년을 산다면 약 3만 날을 사는 것이고 72만 시간을 사는 것이다. 이 72만 시간을 활용하면 꿈을 이룰 수 있고 풍성하게 살아갈 수 있다. 하지만 80%는 시간관리를 잘하지 못한다. 그래서 시간에 쫓기며 살아가거나 권태롭게 살아간다.

시간과 돈을 계획적으로 사용해보라. 목표를 달성할 수 있으며 낭비를 극복해 무한한 이익을 얻을 수 있다. 깊이 생각하지 않고 일부터 저지르는 사람이 있다. 무모하고 어리석은 사람이다. 그런 사람은 뒷감당을 하지 못하고 실패한다. 그리고 후회한다.

계획할 시간을
충분히 마련하라

구상하고 계획을 세우는 데 투자하는 시간은 자신의 미래에 대한 확실하고 값진 투자다. 어떤 일을 완성하기 위하여 계획을 세울 때는 양질의 시간대에 충분한 시간을 마련해야 한다. 머피의 법칙으로 알려진 "애초에 잘못될 개연성이 내재된 일은 어떤 식으로든 잘못되게 마련이다"라는 사실은 계획을 세우지 않는 사람에게 잘 들어맞는 원리다.

계획을 세우는 데 사용된 시간은 오히려 시간을 더 잘 활용할 수 있게 하며, 적은 시간에 더 많은 일을 하게 한다. 또 시간을 잘 통제할 수 있는 능력을 베풀어준다. 시간관리 연구에 따르면 하루 계획을 세우기 위해 투자한 15분이 주어진 하루 전체를 효과적으로 통제할 수 있게 해준다고 한다.

"너무 바빠서 잠시 멈춰 서서 계획을 세울 여유조차 없다"라고 말하는데 사실은 이때야말로 계획이 더 필요하다. 경기를 할 때 감독이 작전타임을 요청하는데, 그 이유는 작전계획을 다시 세워야 하기 때문이다.

사람들은 조급해서 눈에 보이는 결과를 빠르게 얻고자 한다. 그러나 장래에 더 나은 일을 이루기 위해 시간을 내서 계획해야 한다. 계획을 세우기 위해서는 일상의 속도를 늦추고 느슨한 태도를 지녀야 한다. 조용히 있을 수 있는 시간을 마련하여 그 시간에는 계획 세우는 일에만 몰두해야 한다.

국제적 사회봉사기관에 오래 근무하면서 미국인들과 함께할 기회가 많았는데, 그들의 특징은 일을 하기 위해 계획을 세우고 준비하는 데는 시간과 돈을 아끼지 않는다는 것이었다. 계획을 세우는 것은 고통스러운 일도 될 수 있고 흥미로운 일도 될 수 있다.

우뇌형인 사람들에게는 차분히 계획을 세우는 것이 고통스러운 일이 될 수 있고, 좌뇌형인 사람들에게는 부담이 덜 될 수 있다. 그렇지만 두 유형 모두 계획을 세우는 연습을 계속하면 계획 능력이 향상되어 계획을 세우는 일에 매료될 것이다. 상당한 시간을 앞에 두고 미리 계획한다면 생각지 못한 기회와 행운을 잡을 가능성도 그만큼 높아진다.

계획 수립 과정

　큰 계획이나 작은 계획, 복잡한 계획이나 단순한 계획 등 모든 계획을 세울 때는 다음과 같은 과정이 필요하다.

　첫 번째 단계는 목표를 분명히 하는 것이다. 이것이 계획의 출발점이다. 어느 곳에 가고자 하는지 표적이 될 만한 점을 구체화한다. 분명한 목표는 동기를 부여하고 의욕을 불러일으킨다. 목표를 분명히 하지 않으면 계획은 형식적인 일로 전락하게 된다. 또 목표를 명확하게 이해하지 못하면 모든 활동은 목표와 관계없이 단편적인 활동이 되고 분주한 작업에 지나지 않는다.

　두 번째 단계는 자신의 현재 상황을 총체적으로 파악하는 것이다. 현실을 분명히 분석해야 실현성 있는 계획을 세울 수 있다. 의욕만 앞서면 안 된다.

　세 번째 단계는 자신이 갖고 있으며 동원할 수 있는 자원 중에서 어떤 요인이 강점인지 파악하는 것이다.

네 번째 단계는 자신의 입장에서 어떤 요인들이 약점인지 파악하는 것이다.

다섯 번째 단계는 목표에 도달하기 위해 가능한 수단과 필요한 단계를 모두 기록한 뒤 시간순서 혹은 중요도에 따라서 그것을 배열하는 것이다. 빠진 단계는 없는지 자세히 검토하고 필요한 활동, 금전, 인력 등 활용 가능한 자원을 할당한다. 그다음에는 일정표와 마감일을 주의 깊게 작성한다.

계획에는 행동계획과 시간계획이 있다. 행동계획은 실천계획이라고도 하는데 영어로는 Action Plan 혹은 Plan of Action이라고 하며 약어로 POA라고도 한다. 이것은 목표를 성취하는 데 필요한 행동들을 담은 계획표를 말한다. 가장 간단한 행동계획 양식은 다음과 같다.

구체적 목표 _____

취해야 할 행동	시작	끝	확인

시간계획은 계획표 혹은 예정표를 말하는데 영어로는 Schedule 이라고 하고, 계획표를 작성하는 것을 Scheduling이라고 한다. 계획표는 일정을 한눈에 볼 수 있도록 해주고 사건들이 중복되는 것을 예방해준다.

이것은 시간순서에 따라 해야 할 일을 적어 나가는 것이다. 일상생활을 운영하는 데는 월간계획표, 주간계획표, 일일계획표를 많이 사용한다. 또 계획표는 여행 일정표나 공사진행 일정표와 같이 주어진 시간별로 활동이 정해지는 일에 적합하다. 계획표에 대해서는 다음 장에서 더 구체적으로 알아보겠다.

계획은 실행할 때
빛을 발한다

계획을 실행하지 않으면 쓸데없이 시간과 노력만 낭비한 셈이 된다. 그러면 계획한 것이 잘 실행되지 않는 이유는 무엇일까? 첫째, 의지박약, 무기력, 무능 때문이다. 둘째, 도전적이고 가치 있는 목표를 세우지 않았기 때문이다. 셋째, 중도에서 힘들고 방해되는 일들을 만나기 때문이다. 넷째, 기분에 좌우되기 때문이다. 다섯째, 너무 좋은 조건만 기다리다가 때를 놓치기 때문이다. 여섯째, 다른 중요한 일들이 일어나기 때문이다.

따라서 계획을 실행하려면 다음과 같은 자세를 갖춰야 한다.

1　목표가 합리적이고 실행 가능한지 다시 확인한다.
2　매일 조금이라도 계획한 일을 추진해나간다.

3   달성한 것을 매일 점검한다. 매일 활동 내용과 발전 상황을 빠뜨리지

    말고 기록한다.

4   시시때때로 목표를 새롭게 바라보며 의욕을 되찾는다. 시일이 지나면

    목표도 희미해지기 때문이다.

5   의지력을 강화한다. 의지력만 있으면 어떻게든 실행한다.

6   마감효과를 적절히 활용하는 것이 좋다. 마감시각을 확인하면 시간이

    얼마 남지 않았다는 절박감이 들게 되어 다시 행동에 나서게 된다.

일관성 지수 높이기

지난해 가장 성공한 일이 무엇이었나? 그리고 그것을 이룰 수 있었던 원동력은 무엇이었나? 아마 목표를 향해서 꾸준히 나아갔기 때문일 것이다. 일관성이란 꾸준함이고 성실함이다. 그것은 강인한 성격이고 어떤 어려움도 감내해낼 수 있는 저력이다. 재능이 좀 부족해도 일관성이 있는 사람은 반드시 성공한다. 재능이 아무리 뛰어나도, 기가 막히게 좋은 환경에서 생활해도 일관성이 부족하면 아무것도 이룰 수 없다.

그러나 변화무쌍한 현대 사회에서 한 우물만 파기는 결코 쉽지 않다. 평소에 일관성 지수를 높이는 습관을 길러야 한다. 그러기 위해서 계획을 세우고 그것을 얼마나 달성했는지 매일 검토해야 한다. 그리고 큰 목표를 세우고 추진하는 도중에 수시로 어느 정도 위치에 와 있는지 검토해야 한다. 매일 조금씩이라도 추진함으로써 일의 리듬이 끊어지지 않게 해야 한다. 또 계획을 달성하지 못한 이유가 무엇인지를 살펴야 한다.

결심한 것을 한두 번 지키지 않았다고 해서 중단하면 안 된다. 일관성이 몸에 배기 위해서는 어느 정도 시간이 필요하기 때문에 평생 쉬지 않고 조금씩 발전하겠다는 마음가짐으로 노력해야 한다. 과욕을 부리다가 곧 중단하는 것보다 작게 시작하고 느리게 움직이는 방식이 훨씬 효과적이다.

6장

계획표 짜기

한 개의 오늘은 두 개의 내일의 가치가 있다.

One today is worth two tomorrow.

시간에는 참 묘한 성격이 있다.

그중 한 가지는 시간은 조직하지 않으면 대부분 모래알처럼 흩어져 활용할 수 없게 된다는 점이다. 그러므로 시간을 잘 활용하기 위해서는 주어진 모든 시간을 어떤 형태로든 잘 조직해야 한다.

지금 사회는 다양해지고 복잡해졌기 때문에 스스로의 삶에 대해 적절히 통제해야 한다. 이제 사람들은 시계와 시간의 통제를 받지 않고는 살아갈 수 없게 되었다. 따라서 시간을 잘 조직하고 계획표를 주축으로 해서 행동하지 않으면 안 된다.

현대사회에서는 광범위한 사회활동과 소비생활로 늘 시간 부족을 경험한다.

이런 현상은 사회적 요구에 따라 자연스레 일어나기 때문에 결코 개인의 힘으로는 피할 수 없는 것이 현실이다.

그러나 대안이 없는 것은 아니다. 시간 부족을 피할 수 있는 대안은 계획표, 즉 스케줄을 잘 짜는 것이다. 시간 자체는 융통성이 전혀 없고 제한되어 있지만 계획표를 잘 짜면 여유를 갖고 시간을 잘 다스릴 수 있다.

그리고 냉혹하기 짝이 없는 시간을 부드럽고 인간미 있는 시간으로 만들 수 있다.

어떤 사람은 계획표가 사람들을 구속한다고 생각하는데 그것은 계획표를 잘 짜지 못했을 경우에 그렇다는 말이다. 잘 짠 계획표는 오히려 일의 효과를 높여주고 여유를 창조해주는, 우리 삶에 없어서는 안 되는 진정으로 고마운 도구다. 그런데 계획표를 잘 짜기 위해서는 연습을 많이 해야 한다.

이 장에서는 시간을 조직하고 계획표를 작성하는 방법에 대해 자세히 설명한다.

계획표만큼
유용한 것도 없다

계획표는 어떤 모습일까? 계획표는 물건을 정리해둔 진열장처럼 모든 활동을 골고루 수용해서 체계를 잡아놓은 공간이다. 잘 정돈된 진열장은 물건이 제자리에 있어서 찾기 좋을 뿐 아니라 보기에도 좋다. 새로운 물건을 구입하면 그것을 놓을 새로운 자리를 마련해야 한다.

이와 같이 새로운 일이 정해지면 그것이 들어갈 공간을 계획표에 만들어야 한다. 제한된 공간에 적당히 여유를 두고 물건을 진열할 때 가장 보기 좋듯이 계획표도 자신이 컨트롤할 수 있는 활동을 적당히 배열하는 것이 가장 좋다.

계획표는 우리가 생각하는 것보다 훨씬 큰 효과를 주는데 계획표를 잘 짜면 어떤 유익이 있는지 구체적으로 살펴보자.

첫째, 계획표는 미래에 할 일을 전체적으로 보여주며 제한된 시간

속에서 목표를 현실적으로 바라보게 해준다. 차분하고 예측 가능한 하루를 보여주며 휴식시간도 마련해준다. 따라서 계획표는 삶을 균형 있게 만들어주는 훌륭한 도구다.

둘째, 중요한 일이 무엇인지 보여주어 그 일에 집중하게 함으로써 그것을 먼저 실행하게 한다. 또 중요한 일들을 하지 못하게 방해하는 요인을 막아주는 강력한 방패 역할을 한다. 계획표는 기분과 감정에 휩쓸리지 않도록 보호해주는 지침이며 나침반이라 할 수 있다.

셋째, 월간, 주간, 하루 단위의 과제를 정돈하게 하고, 시각화해주며, 머릿속에 뭉뚱그려져 있는 필수적인 일을 정리해준다.

넷째, 우리 삶의 여러 차원 중에서 서로 다른 것들의 상호관계가 어떤지 보여주며 여러 가지 일을 동시에 처리할 수 있는 지혜를 준다.

다섯째, 해야 할 일이 너무 많을 경우 그 일의 리스트를 머리에 담아두는 부담감을 덜어주며, 스케줄이 너무 빡빡하지는 않은지 미리 파악해 대책을 세우게 한다.

여섯째, 예측하지 못한 사태에 대비해 예비시간을 책정해준다. 예정에 없던 일이 생겼을 경우에는 계획표를 보면서 그 일에 필요한 시간이 있는지 없는지 판단해서 스케줄을 추가하거나 생략할 수 있다.

일곱째, 일이 없을 경우에는 적당한 과제를 스케줄에 담게 해서 일하도록 해준다.

여덟째, 월간, 주간, 일일 계획을 완성해서 스케줄에 기록한 일의 목록을 지워갈 때 성취감과 기쁨을 느끼게 한다.

아홉째, 계획표를 잘 짜면 실제 행동이 그만큼 줄어들어 시간을 절약할 수 있게 한다.

열째, 우리 자신에게 가장 적합한 방식으로 살아가게 해준다.

10가지를 읽고 나서 계획표의 유용함을 다시 한번 깨달았을 것이다. 현대인들은 모두 바쁘게 살고 있다. 도대체 우리는 왜 바쁠까? 허둥대는 사람에게 왜 바쁘냐고 물어보면 할 일은 많은데 시간은 부족하기 때문이라고 대답한다. 하지만 일이 많다고 무조건 바쁠까? 그렇지는 않다. 시간을 잘 조직하지 못하기 때문에 바쁠 뿐이다.

시간이 많이 드는 일에 상대적으로 적은 시간을 배당한다면 실제 삶은 바쁘고 조급해질 수밖에 없다. 또 여유시간을 배정하지 않고 계획표를 빡빡하게 짰을 때 돌발사고가 일어나면 바빠질 수밖에 없다. 미리미리 시간을 계획하고 매사를 준비해야 하는데 그렇게 하지 못하면 바쁘게 된다. 그러므로 바쁜 것은 외부 환경 탓이라기보다는 자기 자신 때문이라고 할 수 있다.

계획표를 짜되 자신에게 가장 적합하게 짜야 한다. 계획표를 잘 짜면 서두르지 않아도 마음먹은 일을 모두 할 수 있다. 계획표를 잘 짜는 사람은 일이 많이 몰려와도 그 속에서 여유를 가질 수 있다. 계획표를 어떻게 짜야 할지는 개인의 성향에 달려 있다. 계획표에는 개인의 가치관과 성격이 반영된다. 한번 짠 계획표를 지키는 일 역시 개인의 의지에 달려 있다.

스케줄을 짜는
2가지 방법

스케줄은 일의 성격에 따라서 시간 단위 중심으로 짜는 경우와 일
(과제, 목표) 중심으로 짜는 경우로 나눌 수 있다. 시간 단위 중심으로
짜는 것은 과제 분량과 상관없이 일정한 시간을 할당하는 것이다.
반면 일(과제, 목표) 중심으로 짜는 것은 과제 달성이 목표이며, 소요
되는 시간은 고려하지 않는 방식이다. 예를 들면 '책을 한 시간 동안
읽는다'는 시간 중심이며, '책 10페이지를 읽는다'는 목표 중심이다.

계획표를 시간 단위로 짜는 경우는 주어진 시간이라는 틀 안에 자
신의 일을 담는 형식이다. 다양한 일을 하나의 시간 틀 안에 배열하
는 것이다.

여기에는 일일계획표, 주간계획표, 월간계획표가 있다. 이 경우 시
간에는 융통성이 없지만 배열하는 일에서는 융통성을 발휘할 수 있
다. 학습 계획표나 음악회 프로그램, 기념식 프로그램 같은 것이 이

범주에 속한다. 적절한 계획표 양식을 마련해서 그 안에 해야 할 일을 기록한다.

일(과제, 목표) 중심으로 짜는 계획표의 경우에는 이뤄야 할 특정한 일이 우선적이다. 따라서 달성해야 할 일을 먼저 정하고 그 뒤에 시간을 배열해야 한다.

이것은 일에 초점을 맞추기 때문에 시간을 배열할 때 융통성이 있다. 하지만 자신이 그만한 분량의 시간을 낼 수 있어야 한다.

교수가 논문을 쓰거나 화가가 그림을 그리려 할 경우에는 다른 일은 다 제쳐두고 그 일에만 몰두해야 결과물을 얻을 수 있기 때문에 시간도 효과적으로 충분히 배열해야 한다.

그러나 어떤 경우에도 시간은 무한정 주어지지 않기 때문에 마감 시각은 대략 정해두는 것이 좋다.

스케줄을 짤 때 이 2가지 방법은 모두 유용하다. 이 2가지를 잘 살펴서 계획표를 짠다면 어떤 경우든지 시간을 유연하게 관리할 수 있다.

시간예산을 세울 때
주의할 점

어떤 일을 할 때 적당한 시간의 양을 예측해서 배정하는 것도 훌륭한 기술이다. 시간을 너무 적게 배정하면 조급하게 되고, 너무 많이 배정하면 긴장감이 없어져 시간을 낭비하게 된다. 그런데 대부분 생각했던 것보다 시간이 더 많이 걸린다. 그러므로 시간의 양을 충분히 배정하는 것이 좋다. 처음 해보는 일이거나 어려운 일은 시간을 예측한 것보다 20~40% 더 배정하는 것이 현실적이다. 또 한 가지 주의해야 할 점은 '은밀한 시간'이다.

사람들이 흔히 범하는 실수 가운데 하나는 모든 일에는 겉으로 나타나지 않는 숨어 있는 시간이 있음을 모르는 것이다. 즉 워밍업 시간을 간과하는 것이다. 모든 일에는 준비하는 시간, 행사하는 곳에 오고 가는 시간, 다른 사람의 의견을 들어보는 시간, 선택과 결정을 하는 시간, 치우고 정리하는 시간, 휴식하고 재충전하는 시간, 일기

불순이나 사고에 따른 시간 지연요소들이 숨어 있기 마련이다.

숨은 시간을 계산하지 않으면 계획표를 현실적으로 잘 짤 수 없으므로 본 시간 외에 예비시간도 충분히 고려해야 한다. 그러므로 시간계획을 세울 때는 시간 여유를 충분히 두어서 시간이 부족하지 않게 해야 한다. 그러면 매사를 확실하게 끝낼 수 있다.

연간계획, 월간계획 세우기

5년 계획

시간계획에서는 장기계획이 단기계획보다 항상 우선한다. 장기계획을 세운 다음 그것에 근거해서 단기계획을 세워야 한다. 먼저 다음과 같은 방식으로 장기목표를 구상한다. 현재 상태를 분명히 파악하고, 5년 뒤 달성할 수 있는 목표를 분명히 기록한다. 개인적인 면과 업무적인 면의 목표를 정하는 것이 시간계획의 기반이 된다.

현재 상태	5년 후 상태
월수입 300만 원	월수입 1,000만 원
영어만 할 줄 안다	영어, 중국어, 일본어를 자유자재로 구사한다
아마추어이다	프로페셔널이다
아파트 전세(32평)	아파트 소유(39평)

연간계획

올해의 성과를 검토한다. 성취한 일과 뜻대로 되지 않은 일을 각각 구분하고 그 이유를 분석한다. 그리고 계속 살려야 할 일과 청산해야 할 일을 분류한다.

내년 한 해 동안 달성할 중요한 목표를 설정한다. 삶의 여러 차원을 골고루 생각해서 연간목표를 10개 정도 세운다. 개인에 관한 것, 가정에 관한 것, 직장에 관한 것, 금전에 관한 것, 자기 발전에 관한 것, 사회활동에 관한 것, 해결해야 할 문제에 관한 것들 중 핵심적인 것 10개만 고른다. 연중에도 새로 계획해야 할 일이 많이 나타난다. 그러므로 연간계획은 중점 목표 몇 가지를 세워 나아가야 할 방향을 잡으면 된다.

각 목표에 대해서 실천계획과 스케줄을 만든다. 3월 말, 6월 말, 9월 말에 각각 분기 평가를 하고 계획을 수정·보완해 12월에는 연말 평가를 실시한 다음 내년 계획의 자료로 사용한다.

월간계획

연간계획의 과제와 목표를 먼저 살펴보고 나서 월간계획의 해야 할 일 목록을 작성한다. 이들 과제와 목표 중에는 계속하고 있는 일과 지난달에 이룬 일, 그리고 지난달에 하지 못한 일 등이 포함된다. 계획 달성 기간이 짧기 때문에 계획을 상세히 세워야 한다. 또 계획된 기간을 지키기 위해서 항상 시간 여유를 두어야 한다. 그래야 예기치 않은 일과 추가로 일이 발생할 때 감당할 수 있다.

각 과제와 목표를 수행할 때 가장 좋은 주간은 언제인지 파악한다. 월말에는 마무리해야 할 일들이 생기기 때문에 가급적 중요한 일을 계획하지 않는 것이 좋다.

주간계획, 일일계획 세우기

주간계획표 작성

주간계획표를 잘 짜면 성취감이 늘어난다. 시간 운용의 폭이 대단히 넓어지고 자유롭기 때문이다. 주간계획표를 짜려면 먼저 30분 단위로 구분된 주간계획표 양식을 구비해야 한다. 그리고 다음 세 단계를 거쳐 주간계획표를 작성한다.

첫째, 그 주간에 무엇을 해야 하는지 쭉 나열한다. 해야 할 과제를 아래와 같이 분류하면 편리하다.

- 고정목표를 기록한다. 고정목표란 자기 의지와 관계없이 꼭 해야 할 일이다. 연간계획표와 월간계획표를 살펴보면 이번 주 중요한 프로그램이나 행사가 무엇인지 분명히 알 수 있다. 이것들은 시간이 정해져 있으므로 주간계획표에 우선 배치한다.

- 기본업무를 기록한다. 기본업무란 자기가 처리해야 할 기본책임과 주요한 과제들이다. 마감 기한이 있는 특정 과제도 여기에 포함시킨다.
- 지속적으로 해야 할 과제들을 기록한다. 긴급하지는 않지만 장기목표를 달성하기 위해 잊어서는 안 될 사항들이다. 건강관리, 가정관리, 자기계발 같은 것들이 있다.

둘째, 요일을 결정해야 한다. 요일과 시간대가 이미 결정된 사항들도 있다. 고정목표는 대개 이루어야 할 시기가 정해져 있다. 그것들을 계획표에 먼저 기록하면 된다. 그런데 다른 과제들을 하기 위해 요일을 배정하다 보면 어떤 요일에는 일이 몰리고, 어떤 요일에는 일이 별로 없을 때가 있다.

이럴 경우에는 바쁜 요일의 일 일부를 다른 요일로 보내서 시간을 조정하면 된다. 이 기술을 익히면 자기 페이스에 맞추어 여유 있게 시간을 관리해나갈 수 있다. 중요한 일을 월, 화, 수 등 주간의 앞부분에 배정하는 것이 낫다.

셋째, 어느 시간대에 몇 시간 동안 해야 하느냐를 결정하는 것이다. 고정목표일 경우에는 시간 분량이 정해져 있을 경우가 많다. 활동마다 현실적으로 시간을 예측하여 배당하는 것이 필요하다. 활동과 활동 사이에는 여백을 충분히 두는 것이 좋고 '계획되지 않은 시간'이라는 공간을 남겨두면 돌발 상황이 일어날 때 여유 있게 대처할 수 있다.

주간계획표를 잘 짜면 너무 바쁘거나 너무 한가한 현상이 발생하지 않는다. 시간이 모자라지도 남지도 않게 된다. 그리고 주어진 일주간을 최대로 알차게 쓸 수 있다.

오래전 일이다. 모 육군사단의 정 모 소령이 내 시간관리 강의를 듣고 주간계획표 작성법을 익힌 뒤 주간계획표 양식을 활용해서 주간에 해야 할 일들을 잘 배열하고 실천했더니 놀랍게도 시간이 여유가 있게 되었다고 했다. 그 계획표를 활용하기 전에는 늘 바빠서 서둘렀는데 그 계획표를 활용하니 자기가 할 일을 다하고도 시간이 남아서 동료들이 놀라더라고 했다. 이렇듯 주간계획표는 매우 효과적인 도구다.

일일계획표 작성

주간계획표만 잘 짜면 되지 일일계획표를 작성해야 할 이유가 있을까? 하지만 일일계획표를 작성해야 할 이유는 너무나 분명하다. 우리의 삶은 늘 변화하기 때문이다. 주간계획표를 아무리 잘 짰다 할지라도 생각하지 않은 일들이 종종 발생하여 시간계획을 변경하거나 수정해야 할 경우가 생긴다. 주간계획표를 토요일에 완성했는데 다음 주 월요일에 갑자기 해야 할 일이 생긴다. 이럴 때에 대처하기 위해서 일일계획표가 필요하다.

일일계획표는 주간계획표가 원활하게 진행되기 위해서도 필요한 도구다. 그러므로 주간계획표를 구비함은 물론 하루 단위로 일일계획표도 마련해야 한다. 일일계획표는 이미 작성한 주간계획표에 포함된 내용을 60%, 새로 발생한 일을 40% 정도로 구성하면 좋다. 일일계획표 작성 요령은 아래와 같다.

- 자신이 좋아하고 자신에게 가장 알맞은 일일계획표 양식을 준비하고 거기에 오늘 해야 할 일들을 기록한다. 매일 해야 할 일의 목록을 기본업무, 이메일, 편지, 전화통화, 서류 정리, 회의, 고객관리, 새로운 일 등 10가지로 요약하라.
- 전날 오후에 그다음 날 해야 할 일의 목록을 대강 기록한다. 직장인일 경우에는 내일 할 일을 오늘 퇴근 전에 기록한다. 그리고 내일이 오면 업무 시작 전에 시간을 약간 내서 다시 정리하여 그날 해야 할 일들을 구체적으로 작성한다.
- 주간계획표를 보고 그곳에 기록된 내용과 새로 발생한 일을 포함하여 오늘 완성해야 할 일의 목록을 만든다.
- 일마다 시작시간과 완료시간을 정한다.
- 너무 빡빡하게 짜지 말고 공백을 여유 있게 남겨둔다. 오전에는 중요한 일이나 창조적인 일을 배열하고 오후에는 일상적인 일이나 반복적인 일, 몸을 움직이는 일을 배열한다.
- 매일 프라임시간대에 가장 중요한 일이나 기본업무를 처리하기 위한 시간을 2시간 확보한다. 매일 업무 시작 전 2시간이 업무 효율을 가장 높

이 올릴 수 있는 시간대다.

- 일이 지루하지 않도록 활동을 다양하게 조직한다. 아무리 흥미 있는 일이라도 한 가지만 계속하면 흥미를 잃을 수 있다.
- 오늘 안에 완성할 수 있는 일만 계획한다. 계속되는 일일 경우에는 오늘 완성할 분량만 정확히 기재한다.

표준계획표 만들기

　시간을 효과적으로 사용하기 위하여 좋은 방법 중 하나는 표준계획표를 작성하는 일이다. 정기적으로 발생하는 일들을 고려해 기준이 되는 계획표를 만들어 시스템화하면 좋은 업무 습관을 들이게 되고 어떤 일을 힘들이지 않고 자연스럽게 하게 된다. 또 무엇을 할지 결정하는 일에 시간을 소비하지 않게 된다.

　일정하게 정해진 시간에 일정한 일을 하면 유연하게 활동할 수 있고 정신적으로도 리듬을 잘 유지할 수 있다. 일정한 시간에 운동을 한다든지, 악기를 연습한다든지, 명상을 한다든지, 식사를 하면 시간을 훨씬 효율적으로 활용할 수 있다. 규칙적으로 일하면 시간을 절약하게 된다.

　비슷한 일은 묶어서 한꺼번에 하면 편리하다. 전화를 걸 때는 몇 통을 연속해서 통화하고 편지를 쓸 일이 있으면 여러 통을 몰아서 쓴다. 생각 없이 이 일 저 일을 하다 보면 마음이 엉키고 심란하게 된다.

회사 대표의 일일 표준계획표는 다음과 같이 정할 수 있다.

08:00~08:30	비서와 면담해서 오늘 할 일 확인
08:30~10:00	이메일 확인과 답장, 전화하기
10:00~10:30	커피타임
10:30~12:00	간부회의
12:00~13:30	점심시간
13:30~16:30	다른 사람을 위한 개방된 시간 혹은 특별과제 수행
16:30~17:00	다음 날 할 일 계획

학생의 일일 표준계획표는 다음과 같이 정할 수 있다.

07:00~08:00	기상 후 등교 준비, 아침식사
08:00~08:30	등교
08:30~09:00	수업 준비
09:00~12:00	오전 수업
12:00~13:00	점심식사
13:00~15:30	오후 수업
15:30~16:00	하교 및 학원 가기

16:00~18:00	학원 수업
18:00~19:00	저녁식사 및 휴식
19:00~22:00	과제 및 독서

그런데 특정한 직업에 종사하는 사람들은 매일 단위로 표준계획표를 작성하기가 매우 어려울 것이다. 취재기자, 여행업에 종사하는 사람, 교대근무를 하는 직장인, 원양어업에 종사하는 사람, 물류회사 직원 등은 하루보다 큰 주 단위 혹은 월 단위로 계획표를 작성하는 것이 유용하다.

달력 활용하기

가장 잘 활용할 수 있는 계획표는 여러 종류의 달력이다. 우선순위에 따라 달력의 공백에 약속을 적어나간다. 즉, 월 달력, 연간 달력, 일일 달력이 있는데 이런 것들은 행사, 모임, 특정과제 등을 한눈에 볼 수 있어 스케줄을 확인하며 진행할 수 있다.

달력은 벽에 걸거나 가장 잘 보이는 곳에 두면 좋다. 이런 달력을 해야 할 일 목록으로 적당히 채우면 목표에서 벗어나는 일을 조정할 수 있다.

스케줄 관리 도구

스케줄 관리 도구의 종류는 매우 다양하다. 컴퓨터, 카메라, 스마트폰, 태블릿, 팩스, 녹음기, 화상회의 시스템, 복사기, 전자칠판 같은 것이 스케줄 관리를 촉진하는 도구들이다. 스케줄을 관리하는 데 도움을 주는 도구에는 벽걸이·탁상용 달력, 다이어리, 수첩, 체크리스트, 인터넷 및 소프트웨어 등도 있다.

스케줄 관리 도구를 분신처럼 편리하게 사용하려면 처음부터 선택을 잘해야 한다. 도구를 선택할 때는 자신이 필기형인지 디지털형인지 먼저 파악해야 한다. 필기형은 달력이나 다이어리를 편안하게 느낀다. 아무리 기술이 발달한 시대라고 해도 많은 사람이 아직까지 전통적인 다이어리나 수첩을 소중하게 사용한다.

그러나 한번 잃어버리면 복원할 수 없고 다른 사람들과 일정을 공유할 수 없다. 또 기록할 정보가 많을 경우 부피가 커져서 가지고 다니기 불편하다. 그렇기 때문에 필기형만 고집할 필요는 없다. 다이어리나 수첩을 사용한다 해도 다른 사람과 일정을 공유하려면 전자장치와 디지털장치도 사용해야 한다.

전자식 일정관리가 체질에 맞는 디지털형도 있다. 요즘 젊은이들은 대부분 이 범주에 속한다. 이런 경우 일정관리 소프트웨어나 태블릿을 선택해서 일정관리를 하면 된다. 컴퓨터 프로그램에는 대부분 달력, 해야 할 일의 목록, 주소록이 들어 있다. 인터넷을 통해 여러 가지 일정관리 소프트웨어들을 무상으로 이용할 수도 있다. 태블릿은 많은 정보를 저장할 수 있다는 장점이 있다.

다양한 일정관리 도구를 사용하더라도 자신의 일정만은 한곳에 정리해서 일목요연하게 볼 수 있도록 해야 한다. 일정을 이곳저곳에 기록해서 혼란을 일으키는 일이 있어서는 안 된다.

7장

일의 효율과
효과 높이기

올바른 일을 하는 것이 일을 올바른 방식으로 하는 것보다 중요하다.

It is more important to do the right thing than to do things right.

일하는 시간은 일생 가운데 가장 많은 분량을 차지한다.

그 시간은 또한 가장 양질의 시간을 점유하고 있다.

보통 낮에 일을 하는데 낮은 밤보다 양호한 시간이다.

원기가 왕성하고 강한 집중력을 발휘할 수 있는 시간은 낮이다.

따라서 일이 괴롭거나 일하는 데 흥미를 잃어버린다면 일생을 통하여 시간 면에서 많은 손실을 자초하게 된다.

생산적으로 일하려면 무엇보다 먼저 일의 가치를 새롭게 느껴야 하고 일에 애착을 가져야 한다. 물론 일이 고역인 때도 있다.

의미 없는 일을 매일 반복한다면 괴로울 수밖에 없다.

다음에서는 일의 효율과 효과를 높이기 위한 방법을 설명한다.

효율과 효과의
개념을 알라

일을 만족스럽게 달성하기 위해서는 중요한 단어 두 개를 시시때때로 생각하면서 일해야 한다. 그것은 바로 '효율efficiency'과 '효과 effectiveness'다. 효율과 효과는 서로 관련이 있기는 하지만 뜻은 같지 않으므로 두 단어를 혼동해서는 안 된다. 효과는 목표와 질에 관계된 개념이고, 효율은 행동계획과 자원의 양에 관계된 개념이라고 할 수 있다. 효율과 효과에 대해 좀 더 자세히 알아보자.

효율

효율은 능률이라고도 하는데, 주어진 목표를 달성하기 위해서 사용된 자원의 양에 관한 것이다. 어떤 특정한 일을 하는 데 투자된 시간, 물질, 인력, 노력의 양이 적으면 적을수록 효율이 높다고 말한다. 이와 반대되는 개념을 비효율이라고 한다.

한 학생이 교실을 청소하는 데 6시간이 걸렸다면 매우 비효율적이라고 할 수 있다. 책이나 신문을 읽을 때 손으로 일일이 단어를 짚어가며 소리를 내어 읽는 것도 매우 비효율적이다. 냉장고가 보편화됐는데도 구식 아이스박스를 사용한다면 비효율적이며, 워드 프로세서가 출현했는데도 굳이 손으로 원고를 쓰는 것도 비효율적이다.

우리는 대부분 아주 비효율적으로 일함으로써 시간과 신체 에너지의 50%나 낭비한다고 한다. 그렇다면 왜 비효율적으로 행동하는 것일까? 그 중요한 원인은 오래 계속해온 타성 때문이다. 그래서 변화를 싫어하고 지금까지 해온 방법과 수단을 그대로 답습하는 것이다. 현대에 출현한 문명의 도구들을 활용하면 과거와는 비교할 수 없이 일의 효율을 올릴 수 있다.

효과

효과는 설정한 목표를 달성했느냐와 관계된 말이다. 시간과 물질과 인력이 많이 소비되었어도 목표를 잘 달성했으면 그것은 효과가 높다고 말할 수 있다. 즉 비효율적이어도 효과적일 수 있다는 말이다.

한 세일즈맨이 하루 종일 새로운 고객을 찾아다녔는데 겨우 한 명을 만나서 계약을 맺었다. 그런데 그 고객이 엄청나게 큰 금액을 계약했다면 효과가 큰 것이다.

한 사냥꾼이 하루 종일 산과 언덕을 헤매며 사냥감을 찾았지만 찾지 못하다가 해질 무렵에 꽃사슴 한 마리를 발견해서 사냥했다면 효율은 낮지만 효과는 큰 것이다.

건축하는 사람이 공사기간을 단축해가면서 빌딩을 지었는데 건축한 지 3년이 지나지 않아 붕괴될 위험에 처했다면 효율은 높을지 몰라도 효과는 매우 낮은 것이다. 시간과 물질을 아무리 많이 쏟아부었어도 원하는 결과를 얻지 못했을 때 그것을 '헛수고'라고 한다.

한국인은 조급하게 결과를 얻으려 하기 때문에 효과보다는 효율에 치우치는 경향이 많다. 일반적으로 효과가 효율보다 중요하다고 할 수 있다. 다시 말해서 훌륭한 일을 하는 것이 일을 빨리하는 것보다 중요하다는 말이다.

그러나 효율이 더 중요한 경우도 있다. 편지 답장을 빨리하는 것이 편지 내용보다 우선할 경우가 많다. 그러나 우리는 관심의 초점을 효율과 효과 모두에 맞추어야 한다. 효율도 높고 효과도 높은 예들은 다음과 같은 것들이다.

비서 K는 워드 프로세서를 1분에 500타 이상 치는데 오자가 거의 없다. 대학생 M은 1시간에 200쪽짜리 교양도서를 읽고 요점을 명확하게 요약할 수 있다. 목사 L은 15분간 설교해도 청중에게 매우 큰 감동을 준다. 이처럼 우리는 항상 효율과 효과를 지향하면서 일해야 한다.

일에 집중하라

모든 시간관리에서 집중集中은 가장 기초적인 것이다. 주위에는 너무 많은 일을 동시에 하려는 사람이 있다. 한 가지씩 처리해나가라고 하면 "이 모든 것이 중요합니다"라고 대답한다. 그럴지도 모르나 동시에 모든 일을 다 할 수는 없다.

성공한 작가는 집중의 중요성을 안다. 벨기에 태생의 추리소설가 심농Georges Simenon은 외부와 차단된 곳에서 전화도 받지 않고, 방문객도 만나지 않고, 신문과 편지도 읽지 않고, 수도사와 같은 생활을 하면서 글을 써서 베스트셀러를 만들어냈다. 물론 돌 하나로 두 마리 새를 잡는다는 속담은 일리가 있다. 하지만 좋은 시간관리는 한번에 한 가지 일에 집중하는 것이다.

학생의 경우 책을 붙들고 있는 시간이 많다고 성적이 올라가는 것이 아니다. 공부에 집중하고 몰입해야 한다.

어떤 글로벌 컨설팅회사에서 한국을 포함한 22개국 2만여 직장인을 대상으로 몰입도를 조사한 결과 한국인의 몰입도 비율은 6%로 전 세계 평균인 21%의 3분의 1에도 못 미치는 것으로 나타났다. 이는 일을 대충 하는 사람이 많다는 뜻이다.

이 말을 뒤집어서 생각하면, 한국 직장인의 일에 대한 집중력을 3배 늘리면 GDP도 3배 늘어난다는 얘기다. 학생이 무턱대고 책상에 오래 앉아 있거나, 직장인이 오랜 시간 근무하면 능률이 높아진다는 생각에서 벗어나 집중력을 높일 방법을 강구해야 한다.

일을 즐겨라

일의 집중력을 높이는 방법 가운데 하나가 일을 즐겁게 하는 것이다. 일하는 시간은 대략 전체 인생의 3분의 1이다. 일이 즐겁지 않으면 그 사람은 시간적으로도 손해를 많이 보는 것이다. 너무 무리하게 일하는 것보다는 즐기면서 일하는 편이 낫다. 일을 즐겁게 하려면 어떤 태도로 해야 할까?

- 자신의 신체 에너지와 기분 상태를 될 수 있는 한 자세히 파악해야 한다. 하루 중 언제 기분이 최고이며 언제 최저인가. 자신의 신체 에너지 정도를 주기적으로 파악할 수 있으므로 시기에 따라 행동을 조정해야 한다.
- 자기가 하기 좋아하는 일을 해야 한다. 일과 취미와 재능이 일치하면 최상이다. 자기가 좋아하는 일을 만나면 즐겁고 신바람이 나서 얼굴 표정

부터 밝아진다. 좋아서 하기 때문에 활력이 샘솟는다.

- 계획을 세운 뒤 일해야 한다. 일이 진척되는 상황을 보면 즐겁다.
- 시간 여유를 가지고 일을 해야 한다. 시간에 쫓기면서 일하면 괴롭지만 여유를 가지고 일하면 즐겁다.
- 일에 몰입해야 한다. 좋아하는 일이나 잘하는 일을 할 때는 몰두하기가 쉽다.
- 사소한 일이라도 탁월하게 완성해야 한다. 일을 잘 완성한 뒤 느끼는 기쁨은 이루 말할 수 없다.
- 이왕 해야 할 일이라면 즐겁게 해야 한다. 자기가 해야 할 일이라면 남이 지시할 때까지 기다리지 말고 자발적으로 먼저 하는 것이 좋다. 일을 놀이로 바꾸라. 열심히 일하고 일에서 재미를 느껴라.
- 일과 휴식의 리듬을 살려야 한다. 일할 때 일하고 쉴 때 쉰다면 언제나 기분 좋게 일할 수 있다.
- 어려운 일에도 도전해보라. 시작하기 전에는 꿈만 같던 일도 용기를 갖고 착수하여 완수한다면 가슴 벅찬 기쁨을 맛보게 될 것이다.
- 일을 완수한 뒤 자기 자신에게 대접하는 것을 잊지 말라. 자기를 기분 좋게 해주어야 한다. 다른 사람으로부터 인정과 칭찬을 받는 것 못지않게 자신으로부터 인정과 칭찬을 받는 것이 중요하다.
- 다른 사람과 함께 일함으로써 독특한 기쁨을 얻어라. 팀워크로 일하면 다른 사람과 즐거움을 나눌 수 있으며 효과도 더욱 증진할 수 있다.
- 지식과 기술을 꾸준히 연마하라. 창의성을 발휘하여 일을 더 전문적인 방식으로 행한다면 즐거움도 늘어날 것이다.

일을 고역으로 생각하면 인생이 불행하다. 어떤 일이라도 신성하다. 기분 좋게 일하라. 그래야 일하는 과정에서 기쁨과 보람을 얻을 수 있다.

효과적인 업무시스템을
활용하라

다음과 같은 업무시스템을 활용하면 효율과 효과를 높일 수 있다.

- 마감시간이 다 되면 그 일은 반드시 끝내는 것으로 한다. 그러기 위해서는 마감시각을 현실적으로 정해야 한다.
- 어떤 일이든 구체적인 목표를 세워놓고 시작한다. 과제마다 목표를 세분화한다. 예를 들어 책을 쓴다면 하루에 최소한 몇 장은 쓴다는 목표를 정하는 것이다. 고객을 방문하는 것이 주업무라면 하루 최소한 몇 명을 방문한다는 목표를 정하라.
- 일일계획표에 너무 많은 항목을 넣지 않는다. 충분히 완성할 수 있는 것만 포함시킨다.
- 지극히 사소한 일이라도 합당한 시스템을 활용한다는 원칙을 세워서 한다. 그리고 시스템에 적합하지 않은 것은 모두 배제한다는 원칙을 정하라.

- 정기적으로 쉬는 시간을 갖는다. 일의 강도에 따라 휴식 시간을 정한다. 30분 정도 일한 뒤 5분 쉬는 것이 좋을 경우도 있고, 50분간 일하고 10분간 쉬는 것이 좋을 경우도 있다. 80분간 일하고 30분 쉬도록 규칙을 정할 수 있다. 잘 쉬면 작업은 덜 지루해진다. 그리고 쉬는 시간에는 무엇이든 좋아하는 것을 하라. 그러나 쉬는 시간이 끝나자마자 다시 작업을 시작해야 한다.
- 무언가를 완결지은 후에는 잠시 쉬고 나서 새로운 과제에 도전하라.
- 마감 기일을 자주 생각하면서 긴장감을 늦추지 마라.

일중독에 빠지지 마라

일을 즐기되 일중독에는 빠지지 말아야 한다. 사람들이 죽을 때 후회하는 것 중 하나가 "왜 내가 뼈 빠지게 일만 하였는가"라는 것이라고 한다. 담배, 술, 마약, 도박, 인터넷에 중독될 수 있는 것과 마찬가지로 일에도 중독될 수 있다.

이런 중독 현상으로는 휴식 없이 계속 일하기, 식사하면서도 일감 생각하기, 직장에서 밤늦게까지 머물러 있기, 휴가 반납하기, 집에도 일감 가져오기, 주말에도 일하기, 일하지 않으면 불안하고 죄책감이 들어 가정은 하숙집처럼 여기는 성향 등이 있다.

일중독에 빠진 사람들의 공통점은 왜 일하는지 목적이 뚜렷하지 않고 다만 바쁘게 움직이는 것 자체에서 쾌감을 느끼는 것이다. 그러면 왜 이런 현상이 생길까?

첫째, 일 외에는 다른 곳에서는 쾌락을 얻을 수 없다고 생각해서 일에만 파묻히려고 하기 때문이다. 또 가정생활이 유쾌하지 못하기 때문에 그것에서 회피하고 싶은 마음, 자신이 중요한 사람이라고 인정받고 싶은 마음이 작용하기 때문이다.

둘째, 시간활용법이 서툴러서 주어진 시간 안에 업무를 완성하지 못하기 때문이거나 자신의 능력보다 너무 많은 일을 맡았기 때문이다.

셋째, 우선순위를 정하는 일이 서투르다든지, 매일 똑같은 업무로 좌절감을 느낀다든지, 꾸물거림으로써 일이 진척되지 못한 것도 또 다른 원인이 될 수 있다.

일하는 속도를
재조정하라

기분 좋게 살기 위해 좋은 방법 중 하나는 행동의 속도를 잘 조절하는 것이다. 운전하는 사람 가운데는 쓸데없이 과속하는 사람이 있는 반면 너무 느리게 운전하는 사람이 있다. 과속하면 사고가 나기 쉽고 너무 느리면 뒤따라오는 운전자에게 피해를 준다. 상황에 따라 때로는 빠르게, 때로는 느리게 운전해야 한다.

운전할 때와 같이 일하는 속도도 잘 조절해야 한다. 낮에는 좀 빠르게 밤에는 좀 느리게, 주간에는 좀 빠르게 주말에는 좀 느리게, 건강할 때는 좀 빠르게 병약할 때는 좀 느리게 움직이는 것이 슬기롭다. 젊은 날에는 좀 빠르고 활기차게 일할 필요가 있다. 열심히 공부하고 경험을 많이 해야 한다. 하지만 노인이 되어서는 행동의 속도를 줄이고 여유 있게 행동해야 한다.

대화할 때도 속도를 잘 조절하는 것이 중요하다. 중요한 사항을 알릴 때는 천천히 그리고 반복적으로 해야 하지만 일반적인 사항에 관해서는 그럴 필요가 없다. 아침에는 경쾌하고 좀 빠르게 말하는 것이 좋고 저녁에는 좀 느리게 말하는 것이 좋다. 삶에서도 음악에서와 같은 리듬이 필요하다. 현재 내 삶의 속도는 상황에 따라 적절한가? 삶의 속도를 잘 조절하면 기분 좋게 살 수 있다.

포스트잇을 최초로 만들어낸 3M의 성공 비결은 바로 '시간속도 조절'이라고 한다. 이 회사의 간부들은 올바른 리듬을 인식하고 있고 이것을 전체 조직에 잘 전달한다고 한다. 개인이나 조직이나 일하기 가장 좋은 리듬을 창출하고 실천하는 것이 능률 향상에 큰 영향을 미친다.

처음부터
올바른 습관을 들여라

새로운 것을 배울 때 사람마다 취하는 자세가 각각 다르다. 처음부터 정도正道를 지켜 배우려는 사람이 있는가 하면 대충대충 배우려는 사람도 있다. 모든 일에는 그것을 효과적으로 수행할 수 있는 황금률이 존재한다. 즉 모든 일을 하는 데 핵심이 되는 법칙이나 원리가 있다. 이것을 무시하고 무조건 열심히만 하면 시행착오가 많아질 수밖에 없다.

미련한 사람이 열심히 일하면 불량품을 더 많이 생산한다는 말이 있다. 그러므로 처음부터 잘 배우고 올바른 습관을 기르는 것이 중요하다. 시간이 오래 걸리더라도 기초는 올바로 배워야 한다.

습관의 힘은 말할 수 없이 크다. 그것은 자신이 오랫동안 쌓아온 것이므로 바꾸기 어렵다. 그래서 '세 살 버릇 여든 간다', '제 버릇 개 못 준다'는 속담이 생겼을 것이다. 비효율적이고 비효과적인 습관은 고쳐야 하지만 그보다 더 좋은 것은 처음부터 올바른 습관을 기르려고 노력하는 것이다.

운전도 처음 배울 때 제대로 배워야 한다. 어찌 운전뿐이랴. 외국어를 연마하거나, 운동이나 예술을 하거나, 새로운 기술을 배울 때도 똑같은 원리가 적용된다. 즉 처음 배우는 모든 일에는 핵심원리를 찾아 그 방식대로 꾸준히 연마하는 것이 그것을 익히는 가장 빠른 길임을 명심해야 한다.

직장에서
업무 능률을 높여라

직장에서 하루 동안 능률을 높이려면 계획표를 잘 조직함과 동시에 때에 맞는 효과적인 일을 해야 한다. 직장에서 일하기 위한 효과적인 시스템이 만들어져 있어야 한다. 예를 들면 오전 9시 30분부터 2시간 동안은 가급적 자리를 뜨지 않고 그날 자신이 처리해야 할 가장 중요한 일에만 몰두하도록 시스템화하는 것이다. 이때는 전화받는 사람을 정해놓고 업무와 무관한 외부전화를 바꾸어주지 않는다. 이렇게 전 사원이 집중적으로 일에 몰두하는 시간을 갖는 것은 업무의 효율을 높이기 위해 매우 바람직한 시스템이다.

개인도 자신의 업무 능률을 높이려는 의식을 가지고 그 방법을 부단히 추구해야 한다. 일과를 시작할 때와 진행할 때, 점심때와 마무리할 때를 구분하여 각각 능률을 올리는 방법을 생각해보자.

일과를 시작할 때 업무 능률을 올리는 방법 ─────────

첫째, 하루를 일일계획표와 함께 시작한다. 아무리 바빠도 전날에 다음 날 일일계획표를 작성하라. 일일계획표를 작성하는 순간 그날이 시작된다. 일일계획표를 일찍 작성하면 하루를 그만큼 빨리 출발하는 셈이 된다.

둘째, 기분 좋게 시작한다. 매일 아침 다음과 같은 질문을 자신에게 하기 바란다. 어떻게 하면 일을 즐겁게 할 수 있을까? 오늘 반드시 해야 할 중요한 목표는 무엇인가? 오늘은 누구와 만나서 무슨 대화를 나누며 어떻게 도움을 줄까? 오늘 겪게 될 곤란한 문제는 무엇이며 어떻게 대처할 것인가? 일어나자마자 약 3분 동안 이런 질문을 해보는 것이 좋다.

셋째, 아침식사를 반드시 한 뒤 출근한다. 머리를 많이 쓰는 일을 하는 사람은 아침에 단백질이 풍부한 식사를 하는 것이 좋다. 영양이 부족한 상태에서 하루를 시작하는 것은 좋지 않다.

넷째, 매일 같은 시각에 업무를 시작한다. 시간을 효과적으로 사용하는 좋은 방법 중 하나는 각각 다른 일을 할 때 정규적으로 짜인 시간을 갖는 것이다. 이런 습관을 들이게 되면 일을 힘들이지 않고 자연스럽게 하게 된다. 또 무엇을 할지 결정하는 데 시간을 소비하지 않을 수 있다. 정해진 시간에 일정한 종류의 일을 하면 부드럽게 활동할 수 있고 정신적으로도 일의 리듬을 유지할 수 있다. 규칙적으로 일하는 것은 시간을 절약하는 행위다.

다섯째, 일과가 시작되면 곧바로 업무에 들어가되 가장 중요한 일한 가지를 먼저 처리한다. 일과가 시작되자마자 커피타임을 갖는다든지 신문을 읽거나 우편물이나 뒤적거리면 느슨한 분위기에서 일을 시작하게 되어 처음부터 정신이 해이해지기 쉽다. 즉시 처리해야하는 우편물은 드물다. 일과시간이 되면 정신을 차리고 최우선 사항에 집중하라.

여섯째, 오전에는 긴장을 늦추지 않는다. 가장 중요한 일을 먼저 끝낸 뒤 약간 휴식을 취하고 나서 두 번째로 중요한 일에 착수하라. 이때 긴장을 늦추면 하루 일과를 다 마치기 어렵다. 중요한 일, 머리를써서 해야 할 일, 복잡한 일을 아침부터 시작하면 일과가 끝날 무렵에는 그것을 거의 완료하게 된다. 오전 12시까지 하루 일과의 80%를 달성한다는 각오로 오전의 황금시간을 집중적으로 활용하라.

일과를 진행할 때 업무 능률을 올리는 방법 ─────────

첫째, 분명한 목표의식을 갖고 일을 진행한다. 무엇을 언제까지 완성한다는 생각을 자신에게 자주 인식시킴으로써 일의 능률을 올릴수 있다.

둘째, 일일계획표를 잘 보이는 곳에 두고 일일계획표대로 일을 진행하려고 노력한다. 불필요하거나 오래 걸리는 통화는 스스로 통제해야 한다. 일하는 도중 작은 문제가 닥치더라도 무시하고 우선순위를 지키고 예정에 없던 충동적인 행동은 하지 않는다. 갑자기 생각이 떠올라 계획에 없는 일을 하면 우선순위를 지키지 못하게 되어 효율을 떨어뜨린다. 일을 진행할 때 떠오르는 좋은 아이디어는 잊어버리지 않도록 메모해두고 시간 날 때 처리하면 좋다. 물론 잠시 휴식을 취하거나 동료들과 이야기를 나누는 것은 기분전환도 되고 일의 의욕을 높일 수 있다.

셋째, 적당한 분량을 일하고 반드시 쉬는 시간을 갖는다. 오랜 시간 집중해서 일하다 보면 쉽게 피곤해지고 실수하게 한다. 정기적으로 짧은 휴식을 취하라. 1시간마다 10분 정도 휴식을 취하는 것이 적당하다. 사무실이나 복도를 걷는 것도 좋고 스트레칭이나 심호흡을 하는 것도 좋다. 하루에 여러 번 조용히 시간을 보내면 긴장을 줄일 수 있고 정신도 안정시킬 수 있다.

넷째, 일을 적당한 속도로 하는 것이 좋다. 처음에 너무 빨리, 강도 높게 진행하면 곧 지치게 된다. 약간 느린 듯이, 그러나 착실하게 일을 진행하는 것이 나중에는 더 효율을 높이게 된다. 이것은 등산의 원리와 마찬가지다. 등산하는 사람은 처음에는 천천히 걷는다. 처음부터 빨리 걸으면 쉽게 지치기 때문이다.

점심시간 활용법

점심식사는 느긋하게 혼자서 하는 것이 여러 사람과 어울려서 하는 것보다 더 효율적이라고 한다. 식사를 혼자 한 뒤 회사 주변을 산책하고 부족한 잠을 보충하는 기회로 삼을 수 있다. 물론 점심식사

시간을 전략적으로 사용할 수도 있다. 점심식사 시간에 사업과 관계된 사람을 만나 함께 식사하면서 일을 처리할 수도 있고, 부서 직원들이 함께 식사하면서 간단히 회의를 할 수도 있다.

또 다른 방식은 점심시간에 남아서 해야 할 일을 처리하는 것이다. 일거리가 많은 경우, 남들이 다 식사하러 간 사이에 사무실에 남아서 자신이 해야 할 일을 처리할 수 있다. 이때는 전화도 걸려오지 않고 방문객도 없기 때문에 조용히 업무에 집중할 수 있어서 효율적이다. 점심식사 시간이 끝난 뒤 식사하러 가면 된다.

자신의 상황에 맞게 점심시간을 활용하는 것이 좋다. 목적에 따라 점심시간을 다양하게 사용할 수 있지만 기본적으로 이 시간대는 식사, 휴식, 기분전환을 하는 기회로 삼는 것이 가장 합리적이다.

일을 잘 마무리하는 방법

첫째, 한 가지 일이라도 철저하게 완성하는 것이 결국 효과와 효율을 높이는 길이다. 퇴근시간이 다가왔는데 끝내지 못한 작은 일이 있으면 그날 중에 끝낸다. 작은 일이라도 연기하면 부담이 되고 그런 일들이 모이면 쓸데없이 에너지만 낭비하게 된다.

둘째, 결과를 체크해 조정하는 습관을 들여야 한다. 오늘 목표한 것을 얼마나 달성했는지 목록별로 체크하라. 일의 진행과 결과를 검토하는 것은 중요한 시간관리 기능이다.

셋째, 다음 날의 시간계획을 세워야 한다. 내일 계획은 오늘 오후

퇴근 전에 세워라. 아직 끝내지 못한 일이 무엇이며 내일로 넘겨야 할 일이 무엇인지 확인하고 그것을 내일 계획표에 포함시켜라.

넷째, 홀가분하게 퇴근하라. 일을 잘 완성하고 기분 좋게 집에 가서 휴식을 즐겨라. 퇴근 후의 시간도 적절히 조직하여 유효하게 보내라.

하루 종일 신선하고
활기차게 일하라

삶을 운영하는 것은 일종의 예술과도 같다. 다음 몇 가지 방법을 실천하면 삶을 새롭게 하고 하루 종일 신선하고 활기차게 일하는 데 효과가 있다.

첫째, 비전을 시시때때로 생각하라. 미래를 생각해보는 것을 즐겨라. 미래에 대한 환상은 분명할수록 좋다. 성공한 사람들은 대부분 공상을 자주 한다. 이런 공상은 일정한 목표를 달성하는 데 어떤 신비한 힘을 준다. 공상을 키우고 즐기며 현실적인 목표와 연결해 건설적인 공상으로 키워야 한다. 복권을 사서 당첨 일을 기다리는 사람의 마음을 생각해보라. 당첨을 기대하는 것만으로도 즐거운 것이다.

둘째, 목표를 시각화하라. 목표가 이미 달성된 것으로 보라. 이렇게 목표가 성취된 것처럼 시각화하는 연습을 하라. 영어에 'As if'라는 숙어가 있다. 이 뜻은 '마치 …인 것처럼'이다. 목표를 달성하기 위해

상상력을 동원하는 것은 효과가 있다. 그리고 목표에 초점을 맞추고 하나씩 해나간다. 매일매일 목표에 정신을 집중해야 한다.

셋째, 스케줄을 현실적으로 짜야 한다. 생각할 시간, 행동하는 시간, 방해되는 시간 등을 계획한다. 하루를 30분 단위나 15분 단위로 나누어 해야 할 활동을 그 계획표에 기록한다. 한 가지씩 일을 시작하되 한 가지 일을 완전히 마친 뒤 다음 일로 옮겨간다. 이렇게 하면 일의 리듬도 달라질 뿐 아니라 한 가지 일을 끝낼 때마다 새로운 성취감을 맛볼 수 있다.

리듬 있는 생활은 변화와 신선함을 더해주고 생활의 권태를 몰아낸다. 매일 똑같은 모양과 방식으로 산다는 것은 즐길 수 있는 삶의 기쁨과 진보의 만족감을 포기하는 것이다. 음악에서 리듬이 매우 중요한 요소이듯 삶에서도 리듬이 중요하다. 빨라야 할 때는 빠르게, 느려야 할 때는 느리게 자기 페이스를 지켜나가야 한다. 정기적으로 휴식하고 규칙적으로 운동하는 일도 함께 고려해 에너지가 마르지 않게 해야 한다.

넷째, 아침에 일어날 때부터 하루를 신선하게 시작해야 한다. 어떤 태도로 하루를 시작하느냐가 그날 일의 성공과 실패에 절대적으로 영향을 미친다. 아침에 기분이 좋으면 하루 종일 일이 잘 풀린다. 일을 잘하려면 유쾌하게 해나가야 한다.

우리 조상들은 아침의 중요성을 잘 이해한 듯하다. 아침에 상여가 나가는 것을 보면 그날 기분 좋은 일이 생길 것이라든지, 아침에 사람의 대변을 밟으면 그날 재수가 좋다고 말한 것은 아침에 기분 좋지 않은 일이 일어나도 개의치 말라는 뜻이다. 아침에 상여를 봤는데 기분이 좋을 리 있겠는가? 아침에 대변을 밟았는데 기쁘겠는가? 이 이야기에는 아침에는 기분 나쁜 일이 있어도 참고 즐거운 듯이 하루를 시작하라는 뜻이 숨겨져 있다.

아침에 묵상을 한다든지 클래식 음악을 듣는 것도 도움이 된다. 위대한 첼리스트인 카살스Pablo Casals는 매일 아침 일어나서 바흐의 곡을 두 곡씩 연주하면 자신은 물론 가족에게도 축복이 내려지는 것 같았다고 했다.

다섯째, 싫어하는 일도 적극적으로 하려고 노력해야 한다. 우리 앞에는 쉬운 일, 좋아하는 일만 다가오지 않는다. 궂은 일, 힘든 일, 적성에 맞지 않는 일들도 다가온다. 사실 쉬운 일은 가치가 적은 일인 경우가 허다하다. 진정 가치 있는 일이라면 어렵고 시간도 많이 걸리기 마련이다. 쉬운 일만 찾는다면 자기 발전은 영영 이루어지지 않는다. 어려운 일을 하나의 기회로 생각하고 도전해보라. 어렵다고 생각한 일도 시도해보면 차츰 쉽게 느껴지고 좋아지는 경우가 많다.

우리는 우리가 싫어하지만 맡겨진 일에 대해 책임을 지고 있다. 에너지를 높이 유지하려면 이런 것들을 잔일로, 귀찮은 일로 생각하지 마라. 그것을 당연히 해야 하는 일로, 혹은 새로운 일을 배우는 기회로 생각하자. 마음에 맞지 않는 사람과 일할 때는 이것을 인내심을 기르고 사람을 다루는 방법을 배우는 기회로 생각하라. 더 나아가 성공과 실패를 동일하게 받아들이는 성품도 길러야 한다. 실패가 기회일 수 있다. 실패가 꿈과 목표를 좌절시키지 못하게 해야 한다.

여섯째, 휴식을 효과적으로 취하라. 일도 예술적으로 해야 하지만 휴식도 마찬가지다. 제임스 조셉James Joseph은 자신이 지은 책에서 휴식을 즐기는 예술을 다음과 같이 10단계로 설명하였다.

1   짧은 휴식을 자주 취하라.
2   몇 시간 일하고 휴식하는 것이 좋으며 가장 좋은 휴식의 유형은 무엇인지 파악하라.
3   자기만의 휴식 스타일을 개발하라.
4   휴식방식을 무리하게 시도하지 말고 편안하게 진행하라.
5   기분전환이 가장 잘되는 방법을 찾아라.
6   휴식도 계획을 세워서 취하라.
7   자신의 감정 변화에 따라 휴식 형태를 선택하라.
8   기진맥진할 때는 좀 더 많이 휴식을 취하라.
9   기진맥진하기 전에 쉬어라.
10 신중하면서도 요령 있게 쉬어라.

휴식하는 방법은 사람마다 다르다. 휴식의 중요한 요령 중 하나는 휴식시간을 너무 길게 가져도 안 되고 너무 짧게 가져도 안 된다는 것이다. 그때그때 상황에 맞게 적절한 휴식방법을 선택하는 것이 좋다.

일곱째, 모든 일마다 마감시간을 분명히 정해놓아라. 그래야 목적의식을 가지고 일에 매진할 수 있다. 이왕 해야 할 일이면 미루지 마라. 꾸물거리지도 마라. 어떤 과제를 끝내면 마음의 평화를 얻게 될 것이다. 그리고 일을 성취할 때마다 스스로에게 자주 보상하라. 커피를 마신다든지 산책을 한다든지 영화를 본다든지 여행을 하며 자기 자신을 대접하라.

끊임없이 개선하라

문화와 문명은 현재의 것을 끊임없이 개선하고자 하는 인간의 욕구에서 발생했다. 완전해 보이는 것에도 개선할 여지가 있으며 우리가 머리 쓰는 데 따라서 새로운 것을 얼마든지 창조해낼 수 있다. 그렇기 때문에 무엇보다 우선 개선정신을 가져야 한다.

세계적인 기업들은 계속해서 개선정신을 가지고 있다. 그들은 끊임없는 개선을 통해 제조원가를 줄여 생산효율을 높여가는 방법을 채택하고 있다. 이러한 개선에도 육하원칙을 적용할 수 있다.

첫째, 왜Why 이 활동이 필요한가? 그것은 적절한 기능인가?

둘째, 이 활동은 무엇을What 성취하는가? 경비지출에 비해 효과적인 결과Cost-effective를 거둘 수 있는가? 이 활동은 전체와 비교할 때 시간을 알맞게 투자하고 있는가? 활동이 목표를 달성하는 데 직접적으로 관련된 것인가?

셋째, 가장 능률적으로 일할 수 있는 장소에서Where 활동하는가?

넷째, 어느 날, 어느 주, 어느 달에When 이 과제를 수행해야 하는가? 활동 분량을 조정하기 위해 스케줄을 다시 조정할 필요는 없는가? 마감일은 잘 지키는가?

다섯째, 내가 하는가? 남에게 위임하는가Who?

여섯째, 내 지식과 태도 그리고 기술을 최대로 발휘하는가How? 활용 가능한 자원들을 최대로 이용하는가?

이 6가지 질문을 당신의 종처럼 잘 다루어라. 그러면 당신에게 대단한 이익을 안겨줄 것이다.

환경을 바꿔라

환경이란 무엇인가? 그것은 주위를 둘러싸고 있는 모든 것이다. 우리가 생활하는 집도 환경이요, 사용하는 도구도 환경이다. 그리고 나와 관계된 모든 사람은 인적 환경이라고 할 수 있다.

환경은 우리의 성격과 삶의 스타일을 형성하는 데 지대한 영향을 미친다. 사람의 성격과 습관은 바꾸기 어려우나 환경은 바꾸기가 비교적 쉽다. 환경을 개선하면 시간을 많이 절약할 수 있고 생산성도 크게 강화할 수 있다.

작업환경을 바꿔라

책상, 의자, 책장, 벽, 컴퓨터 등 모든 것이 하나의 종합적인 도구다. 이런 것들을 약간만 변경해도 효과가 있다. 무엇보다 책상 배치를 효과적으로 해야 한다. 자신이 좋아하는 그림을 걸어 분위기를 바꿔볼 수도 있다. 대형 월간계획표를 걸어놓을 수도 있다. 머리를 써서 지금보다 더 나은 작업환경을 만들자.

대체 환경을 생각해보라 ────────────

직장만 일하는 곳이 아니다. 일터는 점점 이동식으로 개념이 변하고 있다. 통근버스나 전철 그리고 비행기 안에서도 일할 수 있다. 비행기 안에서 일할 수 있는 분위기를 만들기 위해서는 사전에 연구가 필요하다.

일등석을 타면 일을 더 효과적으로 할 수 있지만 그렇지 못할 경우 자신이 최대한 일할 수 있는 자리를 잡는다. 휴가 때 일거리를 약간 가지고 가보라. 동행하는 사람에게 피해를 주지 않는다면 일을 조금이라도 하는 것이 휴가를 더 보람 있게 만들기도 한다.

기분전환을 위해 공간을 변경하라 ────────────

공간에는 물리적 공간과 심리적 공간이 있다. 물리적 공간은 이른바 '넓다', '좁다' 같은 외형적 공간을 말하고, 심리적 공간은 공간감각에다 다시 내적 공간, 즉 기분까지도 포함시키는 것이다.

신나지 않고 울적할 때 여행을 간다든지, 찻집이나 노래방에 간다든지, 분위기가 다른 옷을 입는 것도 공간 변경이다. 생활이 무질서하게 되는 원인 중에는 자기 기분을 전환하지 못하고 타성에 눌려있기 때문인 경우가 많다. 그럴 경우 이런 공간 변경은 생활에 신선한 맛을 안겨준다.

바른 도구를 바로 사용하라

일하는 데 필요한 도구들이 많은데 어떤 도구들은 다른 것보다 더 효율적이다. 좋은 도구를 갖고 있는데도 최대한 활용하지 못한다면 돼지가 진주목걸이를 하고 있는 것이나 마찬가지다. 예를 들면 최신형 스마트폰을 갖고 있으면서도 그 스마트폰의 기능이 얼마나 다양한지 모르는 경우가 그렇다.

좋은 분위기를 만들라

다른 가정이나 음식점, 학교, 직장 또는 절이나 성당이나 교회당에 들어가 보면 각각 독특한 분위기가 느껴진다. 일반 기관에서는 밝고 명랑하고 활기찬 분위기가 느껴지는 것이 좋지만, 교회나 절에서는 엄숙하게 느껴지는 것이 좋다.

살아 있는 분위기가 있고 죽어 있는 분위기가 있다. 좋은 분위기에서만 모든 자원을 잘 활용하여 과제를 가장 효과적으로 수행할 수 있다. 살아 있는 분위기를 만들려면 모든 구성원이 함께 노력해야 한다.

출장 시간을
효율적으로 관리하라

출장 기간에도 취침, 기상, 식사시간을 일정하게 유지해야 한다. 늦게 자고 늦게 일어나면 몸의 리듬이 깨진다. 정해진 업무 외에 다른 일거리를 약간 가지고 가는 것도 좋다. 이동하는 틈틈이 글을 읽을 수 있는 유용한 시간이 생긴다. 보고서, 다른 문서, 일반 도서를 읽을 수 있다. 비행기 안이나 열차 안에서는 글을 쓸 수 있는 시간도 확보할 수 있다. 노트북 컴퓨터 또는 태블릿 같은 문명의 이기의 도움으로 이동 중에도 업무를 볼 수 있다. 전화를 걸 수도 있고 사색을 할 수도 있다.

출장의 성격에 따라 그때 할 수 있는 적합한 일을 택해야 한다. 비행기를 타고 간다면 글을 쓰기에 더 쉬울 것이다. 반면 기차나 자동차를 이용한다면 대화나 구상이 더 적합할지 모른다. 호텔 객실이나 공항 라운지는 더 많은 기회를 제공한다.

심지어 열악한 환경에서도 할 수 있는 일이 많다. 실제로 생각지도 못한 더 좋은 기회를 제공할 수도 있다. 안개 때문에 공항에 고립되었어도 이때 할 수 있는 적합한 일이 있다. 자투리 시간이 생길 것을 예상하고 미리 일감을 준비해야 한다.

나는 프로인가

다음 질문에 답하며 자신이 프로인지 아니면 아마추어인지 돌아보자. 각각의 항목에 ○, △, ×표로 표시하며 점검해보기 바란다.

○가 8개 이상일 경우 프로에 가깝다고 할 수 있다.

1 나는 이 직업을 천직으로 생각한다. (   )

2 내 직업은 내 강점(재능)과 일치한다. (   )

3 나는 보수보다 일할 기회, 성취감, 공헌도에 더 관심을 갖고 있다. (   )

4 나는 전문지식을 풍부히 갖고 있거나 고도의 전문기술을 갖고 있다. (   )

5 나는 양질의 정보를 가지고 있으며 최신 정보들을 모을 수 있다. (   )

6 나는 3개월 단위로 나 자신의 지식과 기술을 향상시키고 있다(책, 저널, 세미나, 목적 있는 여행 등). (   )

7 나는 한 가지 일에만 10년 이상 몰두해왔다. (   )

8   나는 자타가 공인하는 전문가이다(상을 받은 적이 있다. 내 이야기가

   기사화된 적이 있다. 저술한 책이 있다. 다른 사람이 나에게 자주 자문

   을 한다 등). (   )

9   나는 별로 노력하지 않는 것 같은데 행운이 자주 찾아온다. (   )

10 나는 매너리즘을 극복하기 위해 스스로에게 자주 신선한 자극을 준다.

   (   )

11 나는 성공해도 거기에 도취하거나 만족하지 않는다. (   )

12 나는 다른 직장으로 옮긴다 해도 더 나은 대우를 받을 수 있으며 정년

   후에도 계속 일거리가 있을 것이라고 확신한다. (   )

8장

일상생활의 관리

우리의 주된 일은 멀리 희미하게 보이는 일들을 바라보는 것이 아니라

현재 분명하게 보이는 일들을 행하는 것이다.

Our main business is not to see what lies dimly at a distance,

but to do what lies clearly at hand.

우리 삶은 하루하루 이어진다.

일생 중 단 하루만 실종되어도 삶은 끝난다.

그러므로 매일 삶을 존속해나가는 것만으로도 위대하다.

그런데 똑같은 형태의 삶을 반복하면 지루하고 권태롭다.

일상에 조금이라도 변화를 주면 점점 삶 전체가 향상된다.

대충대충 살아가면 살아가는 데 보람을 느끼지 못한다.

작은 일이라도 철저히 완성하면 보람과 기쁨을 얻는다.

사람은 습관과 타성에 지배받기 때문에 여간해서는 자기 삶의 형태를 바꾸려고 하지 않는다. 삶의 모습을 좀 변화시킬 수 없을까?

다음 내용을 읽고 일상을 더 낫게 개조하기 바란다.

삶을 조직하자

"구슬이 서 말이라도 꿰어야 보배!"라는 속담은 짜임새, 즉 조직의 중요성을 말해준다. 아무리 시간과 돈과 능력이 많아도 그것을 조직할 능력이 없으면 가능성을 제대로 발휘하지 못한다.

군대에서 조직은 생명과 같이 중요한 요소다. 조직이 잘되어 있지 않으면 오합지졸에 불과하여 아무리 숫자가 많아도 힘을 제대로 발휘할 수 없다. 회사나 단체를 유지하고 발전하게 하는 동력도 조직의 힘이다. 조직이 없으면 사회가 존립할 수 없다. 가장 신성하게 여기는 종교일지라도 조직이 잘되어 있지 않으면 유지하고 발전할 수 없다.

인간뿐 아니라 동물의 세계에도 조직이 필요함을 잘 알 수 있다. 벌들에게는 여왕벌이 있고, 양 떼와 사슴 떼에게도 각각 우두머리가 있다. 기러기 떼도 질서정연하게 대열을 지어 하늘을 날아간다.

조직하는 힘은 개인의 삶에도 큰 힘을 발휘한다. 매사에 계획적인 사람은 조직력이 뛰어난 사람이고, 기분대로 사는 사람은 조직하는 힘이 부족한 사람이다. 전자는 질서정연 속에서 살아가고 후자는 혼돈 속에서 살아간다.

진정 여유나 자유분방함을 즐기고 싶다면 삶을 잘 조직하는 능력을 먼저 길러야 한다. 그런 능력이 없으면 시간이 많은 것이 오히려 부담스럽다. 삶을 잘 조직하면 매사를 다스리기 쉽게 되어 생산적인 삶을 살게 된다.

잘 조직되지 못한 삶

우리나라 사람 중 '흥부와 놀부' 이야기를 모르는 사람은 없을 것이다. 이는 권선징악을 가르치기 위해 썼지만 그 내용은 비교육적이다.

흥부는 계획성이 전혀 없는 인물이다. 그는 무계획적이고 요행주의로 살아간다. 그는 자기 운명과 생명을 전적으로 남에게 의지하고 있다. 그는 찢어지게 가난한데 아이를 24명이나 낳았다. 그들에게 이불 대신 멍석을 덮고 자게 했다. 그것도 한 멍석에 머리만 나오게 구멍을 24개나 뚫어서 그것을 덮고 자게 했다. 그중에 누구 하나가 밤중에 소변을 보려면 다 일어나서 나가야 한다. 그런가 하면 그에게는 첩까지 있었다. 그는 혼자서 하루 만에 집을 다 지었다.《흥부전》에는 그 모습을 이렇게 묘사하였다.

낫 한 자루 지게에 꽂아지고

묵은 밭을 쫓아다니며

수숫대와 뺑대를 베어가지고 돌아와서

비스듬한 언덕 위에

집터는 괭이로 깔아 다지고

말직으로 얼기설기 엮어

한나절도 안 걸려서 다 지어놓았더라.

흥부는 다리를 다친 제비를 치료해주어 부자가 되었으니 스스로 노력해서 부자가 된 것은 아니다. 오늘날에도 흥부같이 요행주의, 한탕주의를 노리는 '현대판 흥부'들이 많다.

역사를 살펴보면 능력이 출중해도 자신의 삶을 잘 조직하지 못해서 고통스럽게 살다간 사람들이 많다. 그중 한 사람이 바로 러시아의 문호 도스토옙스키Fyodor Dostoevskii다.

1821년 모스크바에서 태어난 그는 28세 때 정치범으로 몰려 체포되었다. 그는 사형선고를 받고 처형장에서 총살당하기 직전에 풀려나는 일생일대의 시련을 겪었다. 그래서 그는 누구보다도 인생과 시간의 가치를 뼈저리게 느꼈다. 그러니 당연히 시간을 아껴 보람 있고 행복하게 살았을 것 같은데 실제 그의 삶은 매우 혼란스러웠다.

어릴 때부터 앓은 간질병, 죽음 직전까지 간 공포, 혹독했던 유형생활 등이 그를 불행으로 몰고 갔다. 사형을 면한 그는 시베리아로 유형을 떠나서 10년간 유형생활을 하였다. 청춘의 황금기를 혹독한 시베리아 벌판에서 보냈지만 다행히 이런 생활이 그의 문학적 지평을 넓혀주는 계기가 되었다.

그러나 삶에 대한 무질서한 태도는 그의 삶을 매우 곤궁하게 했다. 평생 자기 집도 한 채 없었다. 형과 함께한 출판 사업이 망해 큰 빚을 졌고 도박에 빠져 전 재산을 탕진했다. 그는 빚을 갚기 위해 출판권을 악덕 출판업자에게 팔아넘겼다.

그는 빚쟁이들을 피해 유럽으로 도주하였다. 빚 때문에 항상 작품을 빨리 썼기 때문에 모든 작품이 잘 다듬어지지 않았다. 그래도 그의 작품이 불후의 명작으로 불리는 것은 그가 인생을 깊이 통찰했고 인생에 위대한 질문을 던졌기 때문이다. 그는 60세 때인 1881년 쓸쓸하게 세상을 떠났다.

위대한 음악의 성인이라 불리는 작곡가 베토벤Ludwig van Beethoven 도 일상의 삶을 잘 다스리지 못했다. 인간관계에서 오는 갈등, 많은 빚 등 고통 속에서 살다가 갔다.

화려해 보이고 인기를 한 몸에 받는 것처럼 보이는 연예인 중에도 자기 삶을 잘 조직하지 못해 무질서하고 방탕하게 살다가 일찍 무대에서 퇴장하는 사람을 볼 수 있다. 그러므로 재능이나 지식이나 지위보다 더 중요한 것은 자기 삶을 현명하게 조직하는 능력과 철저한 자기관리라고 할 수 있다.

좋은 시스템을 만들라 ─────────

시스템system은 '하나로 결합하여 생긴 전체'라는 뜻이다. 시스템화는 '체계적인 계획과 노력을 통해 무엇인가를 하나의 통합된 전체로 재배치하는 것'이라고 정의한다. 또 다른 정의는 '어떤 목적을 위하여 체계적으로 짜서 이룬 조직이나 제도'다. 시스템화를 조직화 혹은 체계화라고도 한다.

시스템은 2가지 요소로 구성되어 있다. 하나는 뼈대(체계 혹은 형식)이며, 다른 하나는 내용(방식)이다. 이는 자동차가 차체와 엔진으로 구성되어 있는 것과 흡사하다. 또 계획표가 시간과 그 시간에 채워야 할 내용으로 구성되어 있는 것과 비슷하다.

시스템의 역사는 인류가 출현할 때 시작되었다. 우리 삶에 사회적·정치적·경제적·문화적 형태의 시스템이 없었다면, 우리는 무질서한 혼돈 속에서 지낼 수밖에 없었을 것이다.

역사적으로 인간은 좀 더 능률적으로 되기 위해 유동적으로 변하고 발전한다. 끊임없이 조직화하여 더 편리하고 효율적인 방도를 추구하고 똑같은 일을 끊임없이 반복하면서 나름대로 시스템을 형성해나간다.

좋은 시스템은 분명히 아름답다. 직장생활, 가정생활, 개인생활을 원활하게 하기 위해 효율적인 시스템을 개발하는 것은 매우 가치 있는 일이다. 시스템이 없으면 실제 능력을 최대한 발휘할 수 없고 계획도 달성할 수 없다. 시스템을 만드는 것은 시간을 벌 수 있는 도구가 된다. 좋은 시스템을 만들어 삶을 자동화하면 창의적인 시간을 가질 수 있다.

좋은 시스템은 효율적인 삶을 살아가는 데 필수적이다. 좋은 시스템을 만드는 데 사용한 시간은 나중에 충분히 보상되고도 남는다. 하지만 많은 경우 그런 수고를 하지 않거나 시간을 충분히 투자하지 않는다. 그 결과 매일같이 비효율적인 시스템 때문에 시간과 정력을 낭비한다.

일을 시작하기 전에 좋은 시스템을 갖추었는지 확인해야 한다. 인생이 잘 굴러가도록 적합한 시스템을 만들자. 자신에게 가장 유용한 시스템을 만들기 위해 창조력을 발휘하기 바란다.

시스템을 장착한 사람은 그렇지 않은 사람보다 20배나 효율적이라고 한다. 마치 포클레인과 삽질을 비교하는 것과 같고, 오토바이와 자전거를 비교하는 것과 같다. 각각 능률의 차이가 나는 것은 각각 장착하고 있는 시스템이 다르기 때문이다.

좋은 시스템을 만들기 위해 가장 필요한 요소는 시스템의 필요성을 깊이 인식하는 것이다. 좋은 시스템을 신중하게 만들어야 하는 중요한 이유는 일정 기간 시스템을 사용하면 다음부터는 그것이 자동으로 되기 때문이다. 예를 들어 안전벨트를 처음 착용할 때는 귀찮았지만 반복하다 보니 착용하지 않으면 오히려 불편하게 느껴지는 것과 같다.

인생 관리에서 겪는 많은 어려움은 나쁜 시스템으로 생긴다는 사실을 인식할 필요가 있다. 일하는 데 어려움을 겪는다면 시스템부터 찬찬히 살펴보자. 그리고 과감히 효율적인 시스템으로 바꾸는 것이 중요하다.

한번 습관이 된 시스템은 고치기가 매우 어렵다. 관행과 관성의 법칙이 작용하기 때문이다. 무언가 잘못되고 있지만, 누구도 시간과 노력을 들여 올바른 시스템을 만들지 않는다.

왜 퇴근해서 집에 오면 옷과 양말을 아무 데나 벗어놓는가? 왜 마감시간이 되었는데 일을 끝마치지 못하는가? 왜 책상에 서류가 산더미처럼 흩어져 있는가? 왜 필요한 서류를 찾으려면 여기저기 뒤져야 하는가? 왜 늘 이메일을 제대로 처리하지 못하는가? 왜 공과금을 기한 안에 내지 않아 연체되게 하는가? 왜 차가 고속도로에서 갑자기 멈추는가? 왜 수입은 증가하는데 저축은 늘지 않는가? 왜 문명의 이기가 발달되어 시간을 얼마든지 절약할 수 있는데 예전보다 더 분주해지는가?

이 모든 문제에는 '시스템의 결여'라는 공통요소가 자리 잡고 있다. 삶에서 무언가가 제대로 되지 않는다면 시간을 내서 시스템을 점검해야 한다. 그런 과정을 잘게 나누어 어디서 잘못되고 있는지 알아보라. 일단 문제를 분석하기 시작하면 어디서 잘못되고 있는지 알아내기는 쉽다.

나는 종종 상담을 하기 위해 법원에 간다. 이때 가지고 가는 가방은 따로 있다. 가방 안에 출입증, 상담노트, 개인정보가 다 들어 있다.

법원에 갈 때는 그 가방만 가지고 가면 된다.

일기를 잠자기 직전에 썼더니 졸음이 와서 대충대충 쓰거나 글씨가 엉망으로 쓰였다. 그래서 방법을 약간 달리해 보았다. 즉 저녁식사를 한 뒤 바로 일기를 쓰기 시작한 것이다.

거실에 조그만 상자가 하나 비치되어 있는데, 거기에는 현관 열쇠, 자동차 열쇠, 손목시계, 휴대전화가 들어 있다. 외출할 때 그것들을 가지고 갔다가 돌아와서는 그 상자에 다시 담아놓는다. 그러면 매번 그것들을 찾는 수고를 하지 않아도 되니 시간이 절약된다. 이것도 하나의 시스템화다.

유명한 음식점에는 항상 손님이 몰린다. 주인은 손님에게 번호표를 주고 순서대로 이름을 불러 음식점으로 들여보낸다. 그러니 손님이 몰려와도 질서를 유지할 수 있다. 이런 것들은 간단한 예이지만, 머리를 약간 쓰면 일상생활과 관련된 대부분을 시스템화하는 것이 그다지 어렵지 않다는 것을 알게 될 것이다.

자유분방한 것이 바람직하지만은 않다

대학에서 강의할 때 학생들에게 자기 모습을 나타내는 그림이나 상징을 그려보라고 했더니 한 학생이 개를 그렸다. 그 학생은 이 그림에 대해 "평소에 자유가 없어서 동네 개처럼 자유롭게 생활하고 싶습니다"라고 했다.

나는 그 그림을 보고 이 학생이 자유가 무엇인지 잘 모르는구나 생각했다. 자유를 방종이나 자유분방한 것과 같은 것으로 생각하면 안된다. 어떤 테두리 안에서 자유를 즐기는 것이 진정한 자유다. 사람은 늘 약간의 통제와 제한 속에서 살아가야 행복하다.

독신자의 삶은 자유로워서 좋아 보인다. 하지만 독신자가 자기 삶을 어느 정도 체계화하지 않으면 무질서에서 벗어나기 어렵다. 일에만 몰입하여 일중독자가 되기 쉽고, 균형 잡히지 않은 생활로 즐거움을 느끼기 어려우며, 빈번한 외식, 인터넷 서핑으로 삶이 혼란스럽기 쉽다. 그러므로 독신자들은 자신에게 맞는 시간관리 시스템을 만들어 규칙적으로 생활해야 한다.

'스마트워크 근무제도'라는 제도가 출현했다. 직원들 스스로 일하고 싶은 시간을 선택해 근무하면 업무 효율이 높아지고 일의 만족도도 높아진다는 전제에서 도입된 제도다. 이 제도는 좋은 면도 많지만 주의해야 할 점도 있다. 즉 근무자 스스로 목표를 명확하게 세우고 계획을 짜지 않으면 남이 보지 않는다고 근무시간을 나태하게 보낼 위험이 있다. 이 제도가 성공을 거두려면 근무자 자신이 일을 시스템화하고 좀 더 철저하게 자기관리를 하지 않으면 안 된다.

실직 기간에는 시간이 넘치도록 많아 보인다. 오라는 데도 없고 갈 곳도 마땅치 않다. 빈 주머니도 무섭다. 그러나 실직자도 자신에게 맞는 시간관리 시스템을 만들어야 한다. 몇 가지 요령을 말하면, 자기 스스로 계획표를 짤 것, 매일 이루어야 할 일들을 정해서 거기에 몰두할 것, 규칙적으로 생활할 것, 몸과 마음 관리에 힘쓸 것, 권태를 물리치기 위해서 기분전환을 잘할 것, 가족에게 많이 신경 쓸 것 등이다.

은퇴자에게도 시간은 흘러넘친다. 은퇴하기 전에는 은퇴한 뒤에 자유를 마음껏 누리면서 하고 싶었던 일을 하겠다는 꿈을 품지만 막상 은퇴하면 생각했던 것과 딴판이다. 시간이 넘쳐나지만 그 시간을 효과적으로 쓰지 못하는 사람은 무료하기 그지없고 건강도 나빠지며 무력감도 따라온다.

현실을 직시하고 현실적인 목표를 정하여 매일 부지런히 살아야 한다. 어떤 경우라도 자신에게 맞는 계획표를 만들어야 한다. 은퇴한 뒤 3년을 어떻게 보내느냐에 따라 단명하느냐 장수하느냐가 결정된다고 한다.

일주일을 효율적으로
운영하자

일주일은 인생 전체의 축소판이라고 할 만큼 중요한 시간 단위다. 일주일을 성공적으로 사는 인생은 반드시 성공한다. 일주일의 조직과 운영에 리듬을 살리면 모든 목표와 욕구가 제자리를 잡는다. 업무, 가족, 여가, 친구와의 교제, 자기 발전, 종교생활은 일주일을 어떻게 관리하느냐에 따라 달라진다 해도 지나친 말이 아니다. 모든 시간계획표 가운데 주축이 되는 것이 주간계획표다.

월간계획표는 기간이 길어 변동될 사항이 많고, 일일계획표는 기간이 짧아 갑작스러운 변화에 대처하기 어렵다. 이에 반해 주간계획표는 기간이 길지도 짧지도 않아 가장 현실적으로 시간을 계획할 수 있다. 주간계획표를 잘 짜면 시간이 잘 배분되어 시간을 여유롭게 할 수 있고 일주일 동안 리듬감 있게 살아갈 수 있다.

사회는 일주일 단위로 움직인다. 원래 일주일 리듬은 우주의 리듬에서 왔다. 하지만 일주일 리듬은 생물학적 리듬에도 부합한다. 그래서 현대의료는 일주일 리듬에 따라 치료를 진행하는 일이 무척 많다. 일주일 리듬은 문화적 리듬이라고 할 수 있다. 신문이나 방송의 프로그램은 일주일의 리듬을 유지하고 있다.

일주일을 효율적으로 운영하려면 먼저 주간계획표를 현실적으로 짜야 한다. 하지만 그 계획표에 따라 일주일을 효율적으로 운영해야 효과를 거둘 수 있다. 다음 지침을 잘 살펴보고 그대로 행하려고 노력하라.

- 일정한 시간에 일하고 일정한 시간에 마치려고 노력한다. 정해진 근무 시간을 지나치게 연장하지 않도록 한다.
- 일어나는 시간, 잠자는 시간을 일정하게 지킨다.
- 수요일과 금요일에는 일을 약간 일찍 끝마친다.
- 토요일에는 쉬지 말고 자기계발과 관련한 일을 한다. 혹시 그 주간에 꼭 해야 할 과제를 못했다면 그 과제를 마치기 위해 토요일 오전 시간만 이용하라.
- 매주 일요일은 의도적으로 완전히 일에서 손을 떼고 완벽하게 쉰다. 이때는 무위도식을 해도 좋다. 그렇게 계속하면 일요일이 주는 재충전 효과를 스스로 체험할 수 있다. 유대인의 휴일제도를 배우기 바란다. 그들이 세계에서 노벨상을 가장 많이 받는 민족이 된 비결은 그들의 휴일제도에 있다고 한다. 그들은 금요일 해지는 시각부터 토요일 해지는 시각까지를

안식일로 정하고 완전히 쉰다. 이렇게 일주일에 하루를 완전히 쉬는 것이 몸과 마음을 쉬게 하고 창의력을 최대로 발휘하게 하는 것이다.

• 월요일 전략을 잘 짜라. 워밍업을 잘해서 좋게 출발해야 일주일이 순조롭게 진행된다. 월요일에는 일이 몰려서 피곤해지기 쉬우니 일과 후에는 개인 약속을 가급적 잡지 않는 것이 현명하다.

• 금요일 오후에는 더욱 조심하라. 피로가 쌓이고 다음 날이 주말이라는 생각으로 느슨해지기 쉬우므로 사고가 발생하기 쉽다.

• 업무량이 많을 경우에는 매일 연속적으로 늦게까지 일하지 말고 하루는 늦게까지, 하루는 일찍 끝내는 식의 리듬을 유지하는 것이 좋다. 그래야 육체적으로 오래 견딜 수 있다.

하루를 효율적으로 운영하자

하루 동안 얼마나 많은 일을 할 수 있는지를 알고 종종 놀라곤 한다. 하지만 하루 계획을 세우지 않거나 잘못 세우면 하루 24시간이 어영부영 지나가고 말아 허탈감을 느낀다. 이 차이는 하루를 얼마나 잘 조직하느냐에 달려 있다. 일주일이 중요한 시간 단위인 것과 같이 하루도 매우 중요한 시간 단위다. 오늘 하루를 잘 조직하여 최대로 활용하자. 이런 습관이 당신을 성공하는 인생으로 인도한다.

사람들은 대부분 오늘이 실종된 삶을 살아간다. 그 중요한 이유는 그들이 과거 안에서 살거나 미래 안에서 살기 때문이다. 시대적으로는 오늘을 살지만 마음으로는 과거와 미래 속에서 산다. 그래서 오늘이 완전히 없어지게 되는 것이다. 그런데도 사람들은 이 사실을 깨닫지 못하고 있다.

하루를 잘 조직하면 하루 동안에 엄청나게 많은 일을 완성할 수 있다. 그러므로 일일계획표를 용의주도하게 짜야 한다. 그리고 계획표대로 일을 추진하려고 노력해야 한다. 오늘 해야 할 일은 오늘 마쳐야 한다. 조금만 의지를 가지면 그렇게 할 수 있다.

전화해야 할 일이 있다면 오늘 하라. 오늘 만나야 할 사람이 있다면 오늘 만나라. 오늘 배워야 할 일이 있다면 오늘 배워라. 오늘은 오늘 완수해야 할 의무를 가지고 있다. 그 의무를 꼭 완성해야 한다. 연기하면 할수록 그 일이 더욱 힘들어지고 기회도 사라지게 된다.

오늘 하루는 내일의 2일보다 더 가치가 있다. 오늘은 오늘의 일을 행할 수 있는 제일 좋은 시간이다. 매일매일 충실하게 살면 삶의 기적을 창출할 수 있다.

하루를 효과적으로 사는 방법

하루의 계획을 잘 세웠다 해도 하루 운영의 묘를 발휘해야 효과가 있다. 어떻게 하면 하루를 잘 운영할 수 있을까?

- 일찍 잠자리에 든다. 그러면 새벽시간을 이용하여 남보다 훨씬 많은 일을 할 수 있다.
- 매일 같은 시간대에 일을 시작한다. 그리고 같은 시간대에 같은 행동을 취하는 규칙성을 일주일 동안 계속 유지한다.
- 일과가 시작되자마자 오늘의 과제 중 중요한 것 한 가지를 집중해서 완료한다.

- 일은 60~90분 간격으로 나누어 하고, 사이사이에 휴식을 취하거나 약간 덜 힘든 일을 한다.
- 적당한 속도와 리듬으로 일을 진행한다. 일할 때는 집중적으로 하고 쉴 때는 편안하게 쉬어서 에너지의 파도를 즐겨라. 일과 휴식의 리듬을 잘 맞추면 긴장하거나 심한 에너지 소진은 일어날 틈이 없다. 오히려 기분 좋게 일할 수 있다.
- 일정량의 시간은 실외에서 머물러라. 이것은 건강을 위해서다. 실내의 공기 오염도가 실외의 50배나 된다.
- 카페인 음료는 하루 최대 2잔으로 제한하되 일과를 시작하기 전과 오후 3시쯤에 마신다.
- 점심식사는 느긋이 하고 휴식을 취한다. 점심시간에도 일하면 오후 시간이 힘들어진다.
- 일일계획표를 잘 보이는 곳에 두고 하루에도 여러 차례 보면서 일의 진행을 확인한다.
- 포스트잇에다 오늘의 주요 목표를 한 장에 한 개씩 쓴 다음 잘 보이는 곳에 붙인다. 그리고 하나씩 달성할 때마다 떼어버린다. 이렇게 해나가면 성취감을 갖게 되고 기분도 좋아진다.
- 한 가지 일이라도 철저하게 완성하고 결과를 체크하여 조정하라.
- 오늘 해야 할 일은 오늘 마치려고 한다. 직장인일 경우 퇴근시간이 되었는데도 일을 다 완수하지 못할 수도 있다. 만약 그 일을 30분~1시간이면 완성할 수 있을 때는 일을 계속하여 완성하고 퇴근하라. 그러면 내일 시간을 훨씬 여유롭게 활용하게 된다.

- 홀가분한 마음으로 퇴근하라.
- 저녁식사 후에 반드시 일기를 써라. 오늘의 행동을 기록하기를 권한다.
  일기를 쓰면 그날의 일을 반성하게 되고 앞으로 일어날 시행착오를 줄
  이는 효과를 거둔다.

더도 말고 덜도 말고
오늘만 같아라!

"더도 말고 덜도 말고 한가위만 같아라"라는 속담이 있다. 그런데 '더도 말고 덜도 말고 오늘만 같아라'라고 말하는 것은 어떨까? 우리가 살아가다 보면 매일이 오늘만 같으면 좋겠다는 생각이 드는 날이 있다. 일기를 쓰면서 오늘은 참 보람이 있었고 기쁜 날이었다고 스스로 평가할 수 있다면 행복하다.

그렇게 말할 수 있는 날은 어떤 날인가? 그날 세운 계획이 아무 방해 없이 잘 이루어져 좋은 결과를 거두게 될 때, 예기치 않은 좋은 일이 일어날 때, 몸과 마음이 아주 건강해서 상쾌하게 지낼 때, 좋은 소식을 들을 때 등이다. 하지만 이런 일들은 자주 발생하지 않는다. 그럼에도 "더도 덜도 말고 오늘만 같아라"라고 말할 수 있는 날을 늘려 가면 좋겠다. 행복하고 충실한 하루가 쌓이고 쌓여 행복하고 성공적인 인생을 만들기 때문이다.

매일 다음과 같은 체크리스트를 만들어서 점검하면 좋은 효과를 거둘 것이다. 우선 자기가 매일 실천하고 싶은 시간관리 항목을 10가지 정하고 한 가지 항목마다 최고점을 10점으로 정한다. 그러면 100점이 만점이 된다.

매일 저녁식사를 하고 1시간 뒤쯤 평가를 한다. 그래서 한 달 평균 점수가 80점 이상이면 자신에게 선물을 준다. 보상은 경치 좋은 곳으로 드라이브 가기, 맛있는 음식 먹기, 새로운 구경 등 자신이 좋아하는 것을 선택하면 된다.

자기가 자신에게 보상을 해도 좋으나 배우자가 상을 주면 동기유발이 더 될 수도 있다. 이런 식으로 삶을 관리해나가면 시간관리 능력도 크게 향상될 수 있고 자신감도 기를 수 있어서 일거양득이다.

다음과 같은 형식으로 일일 체크리스트를 만들어볼 수도 있다.

시간관리 일일 체크리스트

	항목	점수
1	매일 일일계획표를 작성해 그 일일계획표대로 하루를 진행했는가?	
2	오전 5시에 일어나서 아침식사 전 2시간을 자기발전을 위해 활용했는가?	
3	중점주의(파레토 최적)를 살려서 중요한 일에 많은 시간과 노력을 투자했는가?	
4	과거와 미래를 잊고 현재 해야 하는 일에만 몰두했는가?	
5	자투리 시간을 유용하게 활용했는가?	
6	매사에 적당한 리듬과 속도를 살려 일했는가?	

7	오늘 해야 하는 과제를 오늘 다 완성했는가?	
8	운동할 시간을 최소 40분 이상 마련해 운동을 했는가?	
9	충분한 잠과 휴식을 취했는가?	
10	가족들과 대화시간을 충분히 가졌는가?	
	합 계	

이 체크리스트를 1년만 활용하면 자신도 모르는 사이에 시간관리에 좋은 습관이 몸에 배어 있음을 발견하게 될 것이다. 그리고 앞으로도 계속 이 리스트를 활용하기 바란다.

9장

비전을 가지고
꿈을 꾸라

단념하기에는 항상 너무 이르다.

It is always too soon to quit.

우리는 항상 미래지향적으로 살아야 한다.

많은 사람이 현실 문제에 급급하여 미래를 바라보지 못한다.

항상 미래를 바라보고 설계해야 희망이 있다.

꿈을 이루어나가는 데 직결되는 요소가 독서다.

그래서 이 내용도 함께 설명했다.

바람직한 미래상 그리기

미래는 우리 스스로 만들어가는 것이다. 우리 미래는 우리가 가진 비전의 유무, 크기, 질에 달려 있다. 그 사람의 비전을 보면 그의 장래를 예측할 수 있다. 그 나라 통치자와 정치가의 비전을 보면 그 국가의 장래를 예견할 수 있다. 비전의 중요성을 깨닫고 올바른 비전을 설정하자. 미국의 작가이자 경영학자인 피터 드러커Peter Ferdinand Drucker는 "미래를 예측하는 가장 좋은 방법은 직접 만드는 것이다"라고 했다.

비전의 중요성

비전vision이란 무엇일까? 비전은 '바람직한 미래상'이다. 비전은 보이지 않는 미래를 볼 수 있는 능력이다. 그것은 나 자신이 진정으로 원하는 미래의 형태를 상상력을 통해서 창조해내는 능력이다. 비전을 소중히 여기는 사람, 높은 이상을 가슴속에 품고 있는 사람은 언젠가는 그 뜻을 성취할 수 있다.

큰 강줄기는 처음에는 작은 개울에서 시작된다. 역사에 위대한 업적으로 남은 것도 처음에는 꿈에 불과했다. 비전은 처음에는 모호한 상태로 나타나지만 시간이 갈수록 명료해진다. 성서에서는 "비전이 없으면 백성이 망한다(잠언 29:18)"라고 했다.

정치가가 비전을 잃으면 리더십을 발휘할 수 없다. 기업가가 비전이 없으면 기업체를 유지·발전시킬 수 없다. 비전이 없는 사람은 나약하며 실의에 빠지기 쉽다. 방향도, 초점도 없는 인생을 살기 때문이다. 아무리 풍부한 자원을 가지고 있다 할지라도 비전이 없으면 발전할 수 없다. 비전과 이상 그리고 상상력에 따라 사람은 타락하기도 하고 정지 상태에 머무르기도 하며 높이 올라가기도 한다.

가장 가난한 사람은 물질이 없는 사람이 아니라 비전이 없는 사람이다. 비전은 방향감각과 질서의식을 주고 목표를 위한 열정을 탄생시킨다. 그리고 무목적, 무질서, 무원칙을 추방시킨다. 비전은 모든 장애물을 극복하는 동력이 된다. 인생의 앞길이 흐리고 침침하고 답답한 것은 우리 자신 속에 미래에 대한 명확한 확신과 뚜렷한 목표가 없기 때문이다. 새로운 미래를 그릴 수 없다면 그곳에 도달하지 못할 것은 뻔하다.

비전이 있는 사람과 없는 사람의 차이는 시간이 지날수록 분명해진다. 비전을 가진 사람은 지금 어렵고 힘든 상황에 있어도 위대한 목표를 향해 힘차게 자신의 길을 걸어갈 수 있다. 자신이 앞으로 '되어야 할 모습'을 구체적으로, 명확하게 가슴속에 그리고 있기 때문이다. 그러나 비전이 없는 사람은 세월이 지나도 발전하지 못하고 제자리에 머물러 있거나 오히려 퇴보하게 된다.

꿈꾸는 만큼 인생은 달라진다

피카소Pablo Picasso와 고흐Vincent van Gogh는 비슷한 재능과 능력을 갖춘 화가였다. 둘 다 한때는 무명시절이 있었고 수난의 때가 있었다. 그러나 세월이 흐르면서 둘의 차이는 전연 다르게 펼쳐졌다. 피카소의 삶은 성공의 대표 삶처럼 발전되어갔지만 고흐의 삶은 실패의 표본 같은 삶으로 이어졌다.

피카소는 30대에 백만장자가 되었고 그의 성공은 나이가 들어갈수록 속도가 더해졌다. 그는 미술계의 거장이 되었고 세계적인 명성과 부를 누리는 화가가 되어갔다. 그뿐만 아니라 그가 죽은 뒤에도 해마다 그의 재산은 엄청나게 늘고 있다.

고흐는 피카소와 반대였다. 그는 20대부터 죽을 때까지 빈민이었다. 그의 그림은 사람들에게 인정받지 못했고, 그 자신도 무명으로 살다가 무명으로 죽었다. 둘의 차이가 어디에서 비롯되었을까?

피카소는 화폭에 그림을 그리는 것만이 아니라 마음속에 자기 미래의 그림을 그렸다. 그리고 그 그림을 따라 말로 표현하였다. 평소에 그는 이렇게 말했다.

"나는 미술사에 한 획을 긋는 화가가 될 것이다."

"나는 가장 성공하는 화가가 될 것이다."

그에게 꿈을 심어준 것은 그의 어머니였다. 피카소는 또 이렇게 말했다. "어머니께서 내게 이렇게 말씀하셨다. '군인이 되고 싶으면 장군이 돼라. 수사가 되고 싶으면 교황이 돼라.' 그 대신 나는 화가를 선택했고, 오늘의 피카소가 되었다."

피카소에 비해 고흐는 자신의 마음속에 다른 그림을 그렸다. 그리고 습관처럼 말했다.

"나는 이렇게 비참하게 살다 죽을 것 같아."

"불행은 나를 절대로 떠날 것 같지 않아."

그는 이렇게 말하며 친지들에게 보내는 편지에도 그렇게 썼다. 피카소와 고흐 두 사람의 인생은 그들이 마음속에 그린 그림대로 펼쳐졌다. 고흐의 그림들은 그가 비참하게 죽은 뒤에야 비로소 세상에 알려지게 되었다.

오스트레일리아 출신 닉 부이치치Nick Vujicic는 태어날 때부터 손과 발이 없었다. 그런데 지금은 전 세계를 다니면서 '행복전도사', '희망전도사'로 활동하고 있다. 신체만 보면 그는 무척 불행한 사람처럼 보인다. 그러나 그의 표정은 매우 밝으며 실제로 매우 행복하게 지낸다. 한때 자살까지 생각했던 그에게는 어려운 상황을 이겨낼 힘이 있었다.

첫째, 그를 키워준 가족이 있었고, 둘째, 그와 같은 어려운 사람을 도와 행복을 전해야겠다는 꿈이 있었다. 절망에 빠져 있던 어느 날 갑자기 그는 자신에게도 신이 주신 어떤 목적이 있다는 것을 깨달았다고 한다. 그래서 분발하게 된 것이다. 어떤 것을 생산하는 힘은 내면에서 시작된다. 어떤 꿈을 꾸고 어떤 생각을 하고 어떤 말을 하느냐가 자신의 미래를 결정한다.

비전에 내포된 요소들

변화

비전의 첫 번째 본질은 변화다. 과거나 현재와 전혀 다른 어떤 상태다. 비전은 미래에 창조하는 새로운 어떤 것이기 때문이다. 비전을 가진 사람은 과거의 질서를 파괴하거나 수정하고 고정관념에서 탈피해 끊임없이 혁신함으로써 새로운 미래를 창조한다.

창의성

비전이 있는 사람은 독특한 것을 창안해내고 개발해낸다. 그러므로 남들이 관심을 갖지 않는 분야라도 관심을 가질 필요가 있다.

탁월성

비전은 그 분야에서 최고를 지향하는 것이다. 독특하기는 하지만 가치가 없는 일을 계획한다면 시간과 물질을 낭비할 따름이다. 양보다는 질을 추구해야 한다.

장기성

상당히 오랜 시일이 걸려야 이룩할 수 있는 것이 비전이다. 그래서 5년, 10년, 20년, 30년 앞을 바라볼 수 있어야 한다. 정치가들은 차세대를 생각하고 비전을 세워야 한다. 위대한 저술, 발명품, 건축물, 예술품을 만들고자 할 때도 필요한 시간을 충분히 고려해 달성기간을 길게 잡을 필요가 있다.

시대성

비전은 시대 요구에 부합해야 한다. 시대는 빠르게 지나가므로 비전을 설정할 때는 현시대보다 좀 더 앞을 바라볼 필요가 있다.

미래를 구체적으로 디자인하라

이제 중요한 것은 여러분의 미래이다. 두 가지 실습을 해보기 바란다. 첫째, 80세가 되었을 때의 하루 일기를 지금 써보는 것이다. 상상력을 동원하여 80세가 된 어느 하루의 일기를 써보라. 그러면 미래가 명확해질 것이다.

둘째, 지금부터 10년 단위로 생애가 끝날 때까지 이루어야 하는 중요한 사항을 기록하는 것이다.

- 자신의 일과 직업
- 가정

- 자기계발(교양, 전문분야, 취미, 종교생활 등)
- 대인관계, 사회활동, 봉사활동
- 재정계획
- 건강관리

위의 실습을 할 수 있다면 미래가 좀 더 명확해질 것이다. 많은 사람이 차분히 앉아서 미래에 대해 구체적으로 생각하기를 싫어한다. 그 원인은 조직적으로 생각하는 훈련이 되어 있지 않기 때문이다. 또 현재 일을 처리하느라 생각할 여유가 없기 때문이기도 하다. 그들은 지나치게 현재에 몰입되어 있어 미래를 바라볼 여유가 없는 것이다.

비전을 달성하는 두 가지 방법

비전을 세우고 달성해나가는 방법에는 크게 두 가지가 있다. 하나는 미래에서 현재로 가는 방법이고 다른 하나는 현재에서 미래로 가는 방법이다.

미래에서 현재로 가는 방법

이 방법은 먼저 비전을 설정하고 그것을 달성하기 위한 여러 단계를 정해서 실천해나가는 것이다. 우리나라 전직 대통령 중 한 분은 중학교 2학년 때 '나는 장차 대통령이 된다'는 비전을 설정했다고 한다. 우여곡절을 겪긴 했지만 그는 결국 대통령이 되었다.

올바른 비전을 세울 수 있고 신념이 흔들리지 않는다면 이 방식은 아주 효과적이다. 하지만 비전을 잘못 세울 경우에는 실현되지 않아 좌절감을 맛보게 된다.

현재에서 미래로 가는 방법

이것은 현재 자신에게 주어진 일과 환경을 최대로 활용하면서 기회를 확장해나가는 방법이다. 많은 사람이 자신이 꿈도 꾸지 않은 큰 성공을 한다. 그런데 그들이 처음부터 그렇게 되려고 한 것은 아니다. 단지 그들은 현재 일에 최선을 다하며 기회를 포착하고 자신의 입지를 넓혀갔을 뿐이다.

휴렛팩커드의 CEO를 지낸 칼리 피오리나Carly Fiorina는 큰 성공을 거둔 여성이다. 그녀가 그렇게 될 수 있었던 것은 높은 위치에 올라가기 위해 노력했기 때문이 아니라 열정을 가지고 자신이 해야 할 일을 했기 때문이다. 여기에서 우리는 성실한 사람이 결국 성공한다는 평범한 진리를 확인할 수 있다.

위의 두 가지 방법 중 어느 것을 택할지는 자신이 결정할 문제다. 전자가 더 낫다는 사람도 있고 후자가 더 낫다는 사람도 있을 것이다. 만약 자기 재능을 일찍 발견하고 신념이 강한 사람이라면 전자를 택하는 것이 좋다. 하지만 자신의 재능이 무엇인지 잘 발견할 수 없거나 의지가 약한 사람이라면 후자를 택하는 편이 낫다.

멀리 앞을 바라보라

우리는 흔히 "다시 태어난다면 어떻게 하겠다"거나 "만일 이렇게 했더라면 좋았을 것을……."이라는 말을 한다. 그것이 가능한 일인가? 지나간 일은 신神이라 할지라도 되돌려 놓을 수 없다.

관심을 가져야 할 것은 오직 앞으로의 삶이다. 그것이 여러분에게 가장 중요한 시간이다. 지나가버린 귀중한 기회, 잃어버린 청춘, 얼룩진 과거의 발자취 때문에 후회하는가? 지나가버린 과거는 깨끗이 장사 지내라. 과거의 묵은 감정은 다 땅에 묻어라. 그리고 앞에 펼쳐진 미래의 꿈과 가능성을 바라보라. 희망이 없다면 이미 그는 죽은 존재다.

이런 이야기가 있다. 어떤 사람이 여행 중 길을 가다가 광채가 나는 검은 돌멩이들을 발견했다. 그는 그 돌들을 여러 개 주워서 주머니에 넣었다. 한참 길을 가니 길옆에 큰 연못이 있었다. 그 연못 가운데는 조그만 섬이 있고 그 섬에 나무가 한 그루 서 있었다. 그리고 나무 위에는 파랑새 한 마리가 앉아 있었다. 그는 주머니에 넣은 돌들을 하나씩 꺼내어 파랑새를 향해 던졌다.

그렇지만 거리가 멀어서 던지는 돌마다 연못에 떨어졌다. 돌이 하나밖에 남지 않았는데 파랑새가 그만 날아가버렸다. 그는 한 개밖에 남지 않은 돌을 주머니 속에 집어넣고 집에 돌아와 그 돌을 책상 위에 두었다. 몇 달 뒤 그의 집에 한 손님이 왔는데 그 손님은 그 돌을 보고 깜짝 놀라면서 그것을 어디서 얻었느냐고 물었다. 그 손님은 보석감정사였는데 그것이 다이아몬드라는 것이었다. 그 말을 듣고 집주인은 깊이 탄식했다.

그러나 그 손님은 그 다이아몬드 한 개도 엄청난 값어치가 있기 때문에 잘 활용하면 큰 부자가 될 수 있다고 했다. 그는 손님 말대로 다이아몬드를 팔아 그 돈으로 장사를 해서 큰 부자가 되었다.

이 이야기가 주는 교훈은 무엇일까? 다이아몬드 여러 개는 그에게 주어진 시간과 기회를 상징한다. 그는 무지해서 귀중한 자원을 낭비했다. 잡지도 못할 파랑새는 허황된 꿈을 상징한다. 사람들은 신기루 같은 헛된 목표를 잡으려고 에너지와 시간을 낭비한다. 이야기의 주인공은 뒤늦게 자신이 가진 자원을 깨닫고 그것을 잘 활용했다.

청소년 시절에 올바른 비전과 목표를 세우고 전진한 사람은 자신의 모든 소원을 이룰 수 있다. 나이가 조금 많다 해도 좌절하지 말자. 지금이라도 올바로 목표를 세우고 올바른 방식을 따라 한다면 놀라운 결과를 얻게 될 것이다.

"코리아는 아시아의 등불이 되리라." 이 말로 암울한 일제강점기 한국인에게 희망의 등불을 밝힌 인도의 시인이자 노벨문학상 수상자인 타고르Rabindranath Tagore는 시 외에도 다양한 글을 남겼다. 그런데 그가 화가이기도 했다는 사실은 별로 알려지지 않았다. 그는 70세에 비로소 그림을 그리기 시작해 대가가 되었다. 그는 인도 근대 회화의 선구자로 평가받는다. 우리도 그와 같이 강한 결심만 있으면 나이에 구애받지 않고 무엇이든 새로 시작할 수 있다.

효과적으로 독서하기

어떤 분야에서 발전하든 가장 기본적인 수단이 되는 것은 독서다. 서양인들이 잘 쓰는 말 가운데 "지도자는 독서가다Leaders are readers" 라는 말이 있다. 그런데 이제 사람들은 책을 읽는 대신 필요한 정보를 텔레비전이나 인터넷에서 구하려고 한다. 하지만 책을 읽는 편이 훨씬 유익하다. 우리는 전문서적뿐만 아니라 잡지와 신문에서도 좋은 정보를 얻을 수 있다.

당신이 최근 읽은 책이 무엇인지 기억할 수 있는가? 매월 책을 구입하는 데 경비를 얼마나 지출하고 있는가? 새로운 것을 배우기를 포기하는 날 우리는 곤란을 당하게 된다. 독서하는 데도 전략이 필요하다. 전략을 개발해 독서하는 능력을 키워나가야 한다.

독서의 목적은 아주 다양하다. 개인적인 즐거움이나 휴식을 위해서 읽기도 하고 세계에 대한 안목을 넓히기 위해서 읽기도 한다. 직업상 발전을 위해서 혹은 더 훌륭한 인격자가 되기 위해서 읽는다. 즐거워서 읽고 필요해서 읽는다.

직업이 있는 사람 가운데는 자기에게 관계된 책만 읽거나 장기적인 독서 계획이나 전략 없이 읽는 사람도 많다. 통합적이고 장기적인 인생 목표가 있다고 볼 때 독서는 자아실현을 위해 반드시 필요하다. 인간은 폭넓은 독서를 통해서 성장하고 인생에 대한 통찰력을 기르고, 인간적인 깊이가 생기고, 인생의 지혜를 터득해나간다.

독서를 통해서 동서고금의 위인들을 자유롭게 만날 수 있다. 책 한 권을 통해서 저자가 수십 년 경험한 것을 두세 시간 안에 알 수 있다. 1만 원짜리 책을 읽었다면 부가가치는 100만 원 이상 된다.

우선 자신에게 필요한 책을 골라야 하고 그다음으로는 올바로 읽어야 한다. 효과적인 독서는 시간을 벌게도 하고 절약하게도 해주는 고마운 수단이다. 일찍이 소크라테스는 "다른 사람이 쓴 글을 읽는 데 시간을 투자하라. 그러면 다른 사람들이 힘써 얻은 바를 쉽게 얻을 수 있다"라고 말했다.

그런데 독서에 대한 태도가 나쁘거나 기술이 뒤떨어지면 일생을 두고 시간을 많이 낭비하게 된다. 독서하지 않는 사람도 시간을 낭비하는 것이다. 책에 있는 다른 사람의 경험에서 배우려고 하지 않는 사람은 시행착오를 많이 할 수밖에 없기 때문이다. 물론 경험을 통해서도 많이 배울 수 있다. 그러나 누구든 필요한 만큼 많은 경험을 할 수는 없다. 그러므로 책을 통해서 간접경험을 해야 하고 필요한 지식을 얻어야 한다.

최근 월평균 성인 독서량 통계를 보면 미국은 6.6권, 일본은 6.1권인 데 비해 한국은 0.8권에 불과해 OECD 국가 중 꼴찌 수준이다. 그나마 독서량이 점점 줄어드는 추세다. 개인과 국가의 성장과 발전을 위해서 독서운동이 다시 활발히 일어나야 한다.

독서능력은 인간의 종합능력이다. 기억력, 이해력, 추리력, 상상력 등의 기본적 능력과 보고, 듣고, 읽고, 쓰는 등 실제적 능력이 서로 종합되어 더욱더 효과를 내는 능력이다. 글을 읽을 수 있는 사람은 누구나 독서할 수 있는 것처럼 보이지만 사실은 그렇지 않다. 독서전략과 기술이 있어야만 한다.

인생은 제한되어 있고 읽을 책은 많다. 이것저것 아무 생각 없이 기분대로 읽기만 한다면 그것은 시간낭비에 지나지 않는다. 물론 시간을 보내기 위해서 읽을 수도 있고 재미로 읽을 수도 있다. 그러나 인생을 통합된 목표를 가진 계획으로 이해한다면 독서도 분별력 있게 해서 인생의 목표를 이루어나가는 도구와 자원이 되게 해야 한다.

사람들은 대부분 시간이 없어서 책을 못 읽는다고 한다. 그럴듯한 변명 같지만 실상은 그들의 삶이 비조직적이고 게으르기 때문이다. 누구나 하루에 5분은 마련할 수 있다. 하루 5분씩 독서한다면 한 달이면 2시간 30분이 되어 웬만한 교양도서 한 권은 충분히 읽을 수 있다.

책을 읽기 위해서는 목표의식이 뚜렷해야 하고 책 읽는 시간을 적

극적으로 마련해야 한다. 책을 읽기 위해 시간을 내는 방법에 대해
리디아 로버츠는 다음과 같이 조언했다.

1 말하는 시간을 줄여라.

2 가방에 책을 넣고 다녀라.

3 밤에 베개 밑에 책을 넣어두고 잠이 안 오면 그것을 읽어라.

4 매일 아침 15분만 일찍 일어나서 책을 읽어라.

5 부엌에 있을 때나 옷을 입을 때나 전화를 걸 때 간편한 책을 지녀라.

6 시간을 잘 지키지 않는 사람과 약속했을 경우 책을 가지고 가라.

7 의사나 변호사를 만나러 갈 때는 당신 책을 가지고 가라. 그곳에 비치
   된 낡은 잡지를 왜 읽는가?

8 교통이 혼잡할 때나 차 수리를 하는 동안 읽기 위해 차에 읽지 않은 책
   을 넣어두어라.

9 여행을 다닐 때는 꼭 책을 가지고 가라. 더는 옆에 있는 사람과 잡담하
   지 말자.

10 당신 손안에 있는 책 한 권은 서점에 꽂힌 책 두 권보다 가치 있다는
   사실을 기억하라.

정보의 홍수시대를 맞아 읽어야 할 것은 많고 시간은 부족하다. 책
읽을 시간을 될 수 있는 한 많이 마련해서 효과적으로 독서해보자.

독서계획을 새롭게 세우자 ─────────────────

먼저 자신이 왜 책을 읽는지 분석하라. 신문은 많이 읽는데 독서는 소홀히 하고 있지 않은가? 하루 중 더 많은 시간을 독서하기 위해 투자할 필요가 있지 않은가? 지금 읽는 책 중에 당장 읽어야 할 책은 없는가?

그러곤 1년간 독서계획을 구상해보라. 사무실 책상 위나 집의 서재에 읽을거리를 분류해놓아라. 읽을 가치가 없는 것은 읽기를 중단하라. 현실적으로 1년에 책을 몇 권 읽을 수 있는가? 쉽게 측정하는 방법은 책의 평균 쪽수를 헤아려보고 당신의 독서속도와 비교해 시간을 계산하는 것이다.

매일 정해진 시간에 독서를 하라. 아침이든 저녁이든 최소한 몇 분, 몇 시간 독서를 한다고 작정하고 실천하라. 어느 주부는 매일 오후 3~4시에 초등학교에 다니는 딸과 함께 독서하기로 정하고 실천하고 있다고 했다.

1년에 책을 사는 데 돈을 얼마나 쓸지 계획하라. 도서관에서나 친구에게서 빌려 읽을 수도 있다. 그러나 전문서적은 구입하는 것이 좋다. 가능하면 자주 서점에 들러라. 신간서점, 헌책방 한두 군데에 항상 들러서 자료를 찾아라. 찾는 활동을 통해 책 선택 기술과 동시에 독서 의욕도 높일 수 있다. 책을 서재의 잘 보이는 곳에 꽂아두어다 읽은 뒤에도 수시로 활용할 수 있도록 하라. 그리고 당장 읽을 책은 책상에 놓아두라.

책을 읽을 때는 마감일을 정하라. 이 책은 늦어도 언제까지는 꼭 읽는다고 다짐하라. 가능하면 책을 읽고 토의해보는 것도 좋다. 가족과 함께 읽고 즐기고 비평도 해보는 것은 정말 유익한 일이다.

책을 항상 가지고 다녀라. 이 연습을 부지런히 하면 일주일에 2권을 읽게 되고 1년이면 100권을 족히 읽을 수 있다. 버스나 전철 안에서, 또는 기다리는 시간 등 자투리 시간이나 여가시간을 이용해 엄청난 양의 독서를 할 수 있다.

효과적으로 독서하는 비결 ─────

독서연구가인 아들러Alfred Adler는 독자가 책을 읽기 전에 스스로 질문해야 할 다음과 같은 네 가지 기본 질문을 제언했다. 첫째, 이 책은 전체적으로 무엇에 대해 말하고 있는가? 둘째, 세부적인 면으로는 무엇이 쓰여 있으며 어떻게 쓰였는가? 셋째, 그 책이 전체적으로 혹은 부분적으로 옳은가? 넷째, 그것은 무엇과 관계된 것인가?

이런 질문들은 다른 종류의 읽을거리에도 적용된다. 책에서 무엇을 얻기를 원하는지 스스로에게 물어보라. 즐거움을 얻기 위해서인가, 정보를 얻기 위해서인가, 견문을 넓히기 위해서인가. 그리고 정독해야 할 책인지 속독해야 할 책인지 판단한다.

먼저 차례를 살펴보고 책 전체를 훑어보라. 이렇게 하는 한 가지 방법은 장의 첫 단락과 마지막 단락을 읽는 것이다.

읽기 원하는 부분이 아니었다면 제쳐놓을 수도 있다. 이것은 속독

비결로 많은 자료를 건너뛰는 능력을 길러줄 것이다. 건너뛰면서 문장의 핵심단어를 파악하라. 그 단어에 동그라미를 쳐라. 밑줄을 긋는 것보다 이것이 낫다.

읽기 시작한 것을 모두 다 읽지 않았다고 걱정하지 마라. 잡지나 신문은 그 내용을 다 읽을 필요가 없다. 때때로 저자는 1장에 이미 요점을 말하고 나머지 부분은 요점에 대해서 해설해나가는 경우도 있다.

처음에는 독서 속도가 느릴 것이다. 처음에는 2자나 3자를 한꺼번에 보는 것부터 연습해 차츰 숫자를 늘려나가자. 4~5자에서 7~8자를 한 토막으로 한꺼번에 보는 습관을 붙여보자. 처음에는 현재 속도보다 10%만 단축해보라.

평상시 친숙한 자료를 읽기는 쉽다. 하지만 전혀 새로운 분야를 접했을 때는 속도가 떨어지는 것이 당연하다. 책이 요구하는 속도가 있다. 그래서 아들러는 "책이 요구하는 것보다 더 빠르거나 느리게 읽지 말라"라고 충고했다. 때때로 다양한 책을 동시에 읽어보는 것도 변화를 위해서 좋다.

한 가지 분야에 관한 책을 집중적으로 읽는 것도 좋다. 전문지식이 향상될 뿐 아니라 책 읽는 속도도 빨라질 것이다. 뚜렷한 목표의식을 가지고 잘 관찰하면서 읽어라. 문장에 숨어 있는 진리나 지혜를 발견하라. 독서능력을 높이려면 관찰력, 판단력, 추리력 등도 필요하다.

정독하는 기술은 다음과 같다. 첫째, 주의를 집중해서 읽는다. 둘째, 중요하다고 생각되는 것은 줄을 치거나 표시를 한다. 셋째, 책의 여백에 자신의 생각을 쓴다. 그리고 필요하면 노트에 옮겨 적는다. 넷째, 장, 절, 단락마다 요약한다. 다섯째, 책을 다 읽으면 스스로 분석하고 이 책을 읽고 나서 유익한 점이 무엇인지 기록한다.

10장

좋은 습관 기르기

위대한 사건들도 작은 일들이 모여서 이루어진다.

Great happenings turn on hinges of little things.

시간관리를 잘하려면 좋은 습관을 기르고 좋지 않은 습관을 없애야 한다.

습관은 하루아침에 형성되지 않기 때문에 시간관리의 좋은 습관을 기르기 위해서도 늘 관심을 갖고 계속 연습해야 한다.

길러야 할 시간관리의 좋은 습관에 대해서 설명한다.

근면

근면은 힘찬 모습으로 일하는 것을 말한다. 근면한 사람이란 자기 체력이 되는 한 열심히 일하는 사람이며 일할 때는 일하고 쉴 때는 쉬는 사람이다. 아무리 시대가 바뀌었다고 해도 근면은 예전이나 지금이나 매우 가치 있는 덕이다.

그러나 무조건 근면한 것은 바람직하지 않다. 근면도 목적과 방법이 좋아야 빛을 발한다. 가치 없는 일을 열심히 한다거나 잘못된 방식으로 열심히 하는 것은 손해와 후회만 안겨줄 것이다. 따라서 현명하게 근면해야 한다. 진정으로 근면한 사람이 되려면 어떻게 해야 할까?

첫째, 일에서 보람을 찾는다. 일을 고역으로 생각하면 안 된다. 노동은 신성하다. 일을 하면 기쁨이 있고 사는 보람이 있다. 단지 '돈을 벌기 위해서 일을 한다'는 생각보다는 '보람 있게 살려고 일을 했는데 돈도 벌게 되었다'는 생각이 바람직하다.

둘째, 장기적 목표, 즉 비전을 갖는다. 그럴 때 올바른 방향으로 나아갈 수 있으며 오늘의 난관을 참을 수 있는 힘이 생긴다.

셋째, 목표의식을 갖고 일한다. 목표가 분명하면 일에 집중할 수 있다.

넷째, 주인의식을 가지고 일한다. 임에 따른 책임과 명예를 귀히 여기며 일해야 한다.

다섯째, 즐겁게 일한다. 일이 오락이라고 생각할 수 있다면 기쁘게 일할 수 있다.

여섯째, 남보다 일찍 일한다. 남보다 5분, 10분, 15분, 1시간 혹은 3시간 빠른 것이 일의 성취도에 큰 영향을 미친다.

일곱째, 왕성한 에너지를 가지고 일한다. 완전히 건강해야 한다.

여덟째, 끈기를 가지고 일한다.

아홉째, 적절한 시기에 심신을 재충전한다.

첨단과학 기술이 빠르게 발전하고 있는 현대를 살다 보면 몸과 정신이 게을러지기 쉽다. 대부분의 일을 기계가 해주기 때문이다. 어떤 일을 골똘히 생각할 필요도 없어졌다. 그래서 몸도 정신도 병이 드는 것이다. 인간의 육체와 정신은 움직여야 생명력을 유지한다는 사실을 알고 근면한 습성을 길러야 한다.

아침인생으로 살기

일찍 일어나서 일을 시작하는 것은 근면한 사람의 가장 뚜렷한 특징이다. 늘 시간이 부족한 현대인의 어려움을 해결해 줄 수 있는 탁월한 방법 중 하나는 아침인생이 되는 것이다.

이른 아침, 곧 새벽은 마법의 시간이다. 새벽시간을 활용하는 사람은 남보다 최소한 두 배 더 사는 사람이다. 새벽에 고요한 시간을 가지면, 그날 하루 동안 일어나는 어떤 일도 감당할 자신감이 생긴다.

새벽의 한 시간은 저녁의 세 시간에 해당하는 능력을 사람들에게 선물한다. 새벽에는 그만큼 집중도를 높일 수 있기 때문이다. 새벽은 질적인 시간이다. 의사들은 중요한 수술을 할 때 이른 아침시간을 선호한다. 아침 일찍 수술을 하면 실수도 없고 시간도 절약된다는 것을 그들은 잘 알기 때문이다.

생활인들은 하루 일의 80%를 새벽 두 시간을 활용하여 처리할 수 있다. 새벽에는 아직까지 느껴보지 못한 생명의 힘을 느낄 수 있다. 그리고 새벽을 활용하면 시간이 부족해서 오는 염려에서 벗어날 수 있다.

요즘 아침형 인간의 수가 늘어나는 만큼 저녁형 인간의 수도 늘어나고 있다고 한다. 하루를 규칙적으로 살아갈 수 있다면 저녁형 인생도 나쁘지 않다. 밤에 일해야 더 효율적인 경우도 있다.

하지만 바쁜 시대를 살아가는 현대인에게는 보편적으로 새벽형 인생이 더 효과적이고 효율적이다. 낮에는 해야 할 일이 많아서 일정한 시간을 규칙적으로 낼 여지가 없기 때문이다. 그런데 새벽에는 그런 방해를 받지 않으니 자신이 원하는 일을 자유롭게 할 수 있다.

위인들의 생활 모습을 살펴보면 보통 사람보다 세 시간 일찍 일어나서 활동한 것을 알 수 있다. 현존하는 세계적인 부자들도 다른 사람들보다 세 시간 일찍 일어난다고 한다. 선수필승先手必勝이라는 말이 있다. 남보다 일찍 활동하면 성공하게 되어 있다. 그리고 문명사회에서 최고의 여유를 즐길 수 있다.

늦게 자고 늦게 일어나는 사람이 지금보다 30분만 일찍 일어나도 나중에 큰 변화를 이룰 수 있다. 새벽에 일어나는 것이 즐거워야 한다. 그리고 새벽이 하루 시간의 주축이 되게 하는 것이 좋다.

새벽 인생은 많은 유익을 준다. 즉, 새벽시간을 활용하면 하루를 여유 있게 시작하므로 삶의 균형을 잡아준다. 몸과 마음의 건강을 가져다준다. 목적 있는 삶을 살게 해준다. 그날 처리해야 할 것을 거의 모두 달성할 수 있다. 의지와 집중력을 강하게 해준다. 매사를 밝게 보고 밝게 받아들이게 한다. 자신만의 시간을 많이 얻을 수 있다. 밤에 단잠을 이룰 수 있다. 그리고 사고와 유혹받는 일과 범죄를 대폭 줄일 수 있다.

필자는 전형적인 새벽 인생이다. 새벽 일찍 일어나서 활동한다. 그래서 시간을 유용하고 풍성하게 사용한다고 자부한다. 새벽 인생으로 삶의 스타일을 바꾸는 데는 다음과 같은 방법이 효과적이다. 즉 새벽 인생이 주는 유익을 깊이 깨닫자. 규칙적으로 생활하자. 자기가 하고 싶은 일을 새벽시간에 배치해보자. 잠을 편안히 자자. 일찍 잠자리에 들자.

새로운 시간 스타일로 만드는 데 적어도 3개월은 필요하니 중단하지 말고 계속 시도해보자. 일찍 자고 일찍 일어나는 것이 시간도 얻고 건강도 유지하는 일석이조의 비결임을 다시 강조한다.

미리미리 하기

매사에 철저히 준비하자

매사에 철저하게 준비하면 시간과 재물이 절약되고 사고를 예방할 수 있다. 당황하지 않게 되고 마음의 평안을 얻을 수 있으며 늘 여유를 지닐 수 있다. "소 잃고 외양간 고친다", "사후 약방문", "아닌 밤중에 홍두깨 내민다"는 속담은 준비가 없는 모습을 비유하는 표현이다.

한 가족이 산으로 소풍을 갔다. 부부와 초등학교 다니는 아들과 딸 이렇게 네 사람은 등산복을 입고, 쇠고기 10근에 갖은양념을 해서 잘 재우고, 버너도 고급 제품으로 사들고 산에 갔다.

야호! 야호! 외치며 모두 신났다. 산 정상에 올랐을 때 점심시간이 되었다. 배도 고프고 기분도 좋아 많이 먹자고 둘러앉았다. 다 벌려 놓고 버너를 조립했다. 그런데 이를 어쩌지? 버너에 넣을 가스통을 가지고 오지 않은 것이다. 아들과 딸은 배가 고프다고 칭얼대고 남편과 아내는 서로 삿대질을 하면서 서로의 탓을 하며 싸웠다. 조금만 차분히 준비를 해서 등산을 갔다면 이런 불상사는 일어나지 않았을 것이다.

평소에 꾸준히 준비하면 그 결과는 좋다. 이것은 공부나 운동이나 행사 등 인간의 삶 모든 영역에 적용된다. 선진국 사람들은 대부분 느긋하게 행동한다. 평소에 차근차근 준비하는 습성이 몸에 배어 있기 때문이다.

외국인의 눈에 비친 한국인의 행동은 어떤 모습일까. 그들은 '빨리빨리'라고 외치며 살아가는 우리를 호기심에 가득 차서 바라볼 것이다. 그들 머리로는 도저히 이해되지 않을 것이다.

우리 사회는 이미 고령화 시대에 접어들었다. 미리 노후를 준비하지 않으면 오래 사는 것이 재앙이 될 뿐이다. '은퇴' 하면 떠오르는 생각은 한국인은 '돈 걱정'이라고 하는 반면 영국, 말레이시아, 중국, 타이완은 '자유'라고 한다고 한다. 한국 젊은이들은 부모세대에 비해 은퇴에 대한 자신감은 있지만 실제 준비는 크게 부족하다고 한다. 지금부터라도 전문가와 상담해서 차근차근 준비해나가야 한다.

은퇴를 대비해서 건강, 취미, 봉사 같은 준비를 반드시 해야 한다. 일찍 은퇴 후의 생활을 준비하면 좀 더 행복하게 은퇴생활을 할 수 있다. 많은 외국 은퇴자들은 대학으로 달려가서 다시 자격증을 따거나 재교육을 받아 정년퇴직 후 무려 30년을 더 힘차게 살아간다. 준비되지 않은 은퇴는 축복이 아니라 재앙이 된다. 두려운 은퇴가 아니라 기다려지는 은퇴를 맞이해야 한다.

나이가 들어서 건강하지 못하면 의료적인 도움을 받아 연명해야 하니 얼마나 불행한가. 일찍부터 건강을 유지하기 위한 바른 습관을 들여야 한다. 지속적인 운동처럼 건강에 좋은 것은 없다. 돈이 없으면 얼마나 불행할까? 이에 대처하는 방법은 단 한 가지뿐이다. 나이를 많이 먹기 훨씬 전에 차근차근 준비하는 것이다.

일찍 할수록 좋은 것이 한두 가지가 아니다. 공부도 일찍 할수록 좋고, 기술도 일찍 배울수록 좋다. 피아노 같은 악기도, 운동도 일찍 배울수록 좋다. 노후 준비도 일찍 시작할수록 좋다.

노후를 대비하여 미리 준비한다는 사람은 전체의 3분의 1 정도에 지나지 않는다고 한다. '그럭저럭 살면 어떻게 되겠지'라는 막연한 생각을 하며 세월을 보내는 사람이 많다. 노후를 아름답게 보내기 위해서는 될 수 있는 한 젊을 때부터 준비해야 한다. 20~30대는 현재의 즐거움을 뒤로 미루고 열심히 저축해야 한다. 불요불급한 소비를 줄여 한 푼, 두 푼 노후자금을 마련하는 것이 최상이다.

얼마 전 한 기업인이 정년 은퇴식을 했는데 그 행사는 기념패와 꽃다발을 건네고 고별사를 듣는 곳이 아니었다. 자신이 평소 그린 그림을 전시하고 틈틈이 익힌 색소폰으로 연주를 하는 행사였다. 그는 은퇴 이후 긴 시간을 의미 있게 보내기 위해 여러 해 전부터 그림 그리기와 색소폰 연습을 실천해왔다고 했다. 그는 선견지명이 있는 사람이다. 은퇴 후 제2의 인생을 사는 사람은 행복할 수 있다.

그런데 많은 사람이 새로운 것을 배우고 익히기를 너무 쉽게 체념한다. "나 같은 음치가 뭘!", "내 나이에 뭘!"이라며 자기 합리화를 한다. 이것은 잘못된 생각이다. 우리는 생각보다 더 많은 것을 할 수 있다. 나이가 문제가 아니라 의욕이 문제다. 이런 영어 문구가 있다. Never say never!

유비무환(有備無患)

재난을 극복하는 비결은 평소 차근차근 준비하는 것이다. 준비된 자에게는 불행도 피해간다. 준비는 미래를 현실로 끌어오는 작업이다. 미래를 위해 준비하는 것은 역사를 일정한 목표를 향해 전진하게 하는 동력이다.

중국의 고전《중용》에는 이런 말이 기록되어 있다. "일은 대부분 미리 준비하고 시작하면 걸려 넘어지는 일이 없다. 일은 미리 준비하면 곤란을 겪지 않는다. 행실을 미리 닦아놓으면 양심에 거리낌이 없다. 도리 또한 미리 정해놓으면 궁할 것이 없다."

강에 가면 물을 얻을 수 있다. 그러나 모든 사람이 물을 풍성하게 얻는 것은 아니다. 동이를 준비한 사람은 동이만큼, 독을 준비한 사람은 독만큼, 컵을 준비한 사람은 컵만큼 각각 준비한 그릇 크기만큼 물을 얻을 수 있다. 세상만사도 이렇게 준비하는 정도에 따라 결과가 달라진다.

현대는 의학이 발달하여 웬만한 병은 초기에 발견하면 대부분 치료할 수 있다. 하지만 병이 오래되면 가장 좋은 병원에 가서 의료비를 많이 들여도 치료하기 어렵다. 건강을 지키는 확실한 방법 중 하나는 정기적으로 건강검진을 받는 것이다.

평소에 준비를 철저하게 하는 습관을 들인 사람은 안전하게 살아갈 수 있다. 이런 습관을 국민이 습득하면 과속으로 인한 교통사고는 절반으로 줄어들 것이며, 따라서 국가 경제에도 큰 도움이 될 것이다. 그뿐만 아니라 시간에 쫓겨서 일어나는 스트레스도 대부분 방지할 것이다. 이 습관은 현대를 사는 한국인에게 특히 필요한데, 한국인 중 많은 사람이 조급증에 빠져 있기 때문이다. 또 현대라는 시대자체가 예측하지 못한 일들이 너무 많이 발생하기 때문이다.

자신을 살펴보면 미리 준비할 수도 있는데 하지 않아 낭패를 당한적이 있을 것이다. 준비할 수도 있었는데 하지 않은 원인은 무엇인가? 미루는 습성이 몸에 뱄기 때문에, 시간이 많이 남았다고 방심했기 때문에, 일의 중요성을 이해하지 못했기 때문에, 매사에 서두르기 때문에, 앞을 보지 않고 현재 일에만 몰두하기 때문에, 즉흥적으로 행동하기 때문에, 계획을 하지 않기 때문에 등 원인이 다양하다.

미리미리 준비하면 시간이 친구가 되어준다. 뜻밖의 행운도 가져다준다. 시간이 줄 수 있는 혜택을 모두 제공해준다. 이같이 수지맞는 일이 어디 있는가? 미리미리 하는 습성을 어떤 것보다 더 귀중하게 여기자.

국가의 제1 우선순위는 무엇인가? 그것은 외세의 침입으로부터 국민을 보호하는 것이다. 평소에 국방력을 튼튼하게 해야 유비무환이다. 우리 조상들은 이 사실을 잊었기 때문에 임진왜란을 겪었고 나중에 나라를 잃어 천추의 한을 품어야 했다.

자투리 시간
100% 활용하기

젊은 시절에는 시간의 중요성을 별로 의식하지 못한다. 마치 자기 앞에 시간이 넘쳐나는 것같이 보인다. 그러나 시간을 잘 사용하지 않으면 어영부영 세월을 헛되이 보내게 된다. 하루가 24시간이지만 생리적인 욕구를 채우는 시간, 불가피한 일을 하는 시간을 제외하면 순수하게 남는 시간은 불과 9~10시간이다. 하지만 활동과 활동 사이에 틈새 시간이 반드시 생겨난다. 이것을 잘 활용하면 시간을 더 만들 수 있다.

자투리 시간을 하루 1시간은 능히 모을 수 있다. 한 달이면 30시간, 1년이면 365시간(15일)이다. 하지만 활동시간만 계산한다면 15일이 아니라 21일이 된다. 주말을 제외한다면 한 달이 되는데 이 한 달을 덤으로 얻는 것이다. 1년을 13개월로 늘려 사는 방법이 된다.

자투리 시간은 왜 생길까 ───────────────

자투리라는 말은 옷을 재단하고 남는 조각천을 뜻한다. 자투리 시간은 활동과 활동 사이에 예기치 않게 생기는 비교적 짧은 시간을 말한다. 자투리 시간을 짬, 틈, 조각 시간, 토막 시간, 보너스 시간, 뜻밖의 기회, 적은 시간, 대기시간이라고도 한다. 그런데 때로는 자투리 시간의 범주에 포함해야만 할 매우 긴 시간도 발생한다.

자투리 시간은 의도적으로 계획해서 만든 시간이 아니다. 일을 하는 중에 자연히 생기는 것이다. 예상보다 일이 빨리 진행되었거나, 어떤 일이 취소되었거나, 누구를 기다릴 때 자투리 시간이 종종 생긴다.

하루를 주의 깊게 살펴보면 여러 곳에서 자투리 시간이 발생한다는 것을 알게 된다. 자투리 시간은 예기치 않게 발생할 뿐만 아니라 크기도 일정하지 않고 질도 다르기 때문에 사용방법도 상황에 따라 독특하지 않으면 안 된다. 자투리 시간을 잘 활용하려면 다음과 같은 기본 전략을 가져야 한다.

첫째, '모든 시간은 가치가 있다. 버릴 시간은 하나도 없다'는 생각을 갖는 것이다. 큰 시간이나 작은 시간 모두 중요하다. 그리고 이 세상의 모든 시간은 일정한 가치가 있다. 큰 시간이 황금덩어리라면 작은 시간은 금싸라기다.

둘째, "티끌 모아 태산"이라는 속담과 같이 작은 것이 쌓이고 쌓이면 큰 것을 이룬다는 사실을 명심해야 한다. "천 리 길도 한 걸음부터!" 같은 속담은 작은 것의 효용성을 잘 나타내고 있다. 작은 것을 결코 우습게 여겨서는 안 된다. 5분이나 1분, 심지어는 1초 때문에 웃을 수도 있고 울 수도 있다. 1분, 5분, 10분, 15분은 한 번만으로는 별로 큰일을 할 수 없다.

그러나 그렇게 작은 것이라도 쌓이고 쌓이면 엄청난 분량이 된다. 하루 15분의 자투리 시간을 계속 활용한다면 1년이면 책 한 권을 쓸 수도 있고, 조그만 정원을 가꿀 수도 있으며, 중급 정도의 외국어 회화 실력을 기를 수도 있다. 3년간 계속하면 어떤 일의 전문가가 될 수도 있다. 40년간 계속한다면 책 1,000권을 읽을 수 있는데 이것은 대학을 다섯 번 다닌 것과 마찬가지 학습량이다.

셋째, 평소에 늘 일에 목표의식을 가지고 있어야 한다. 시간이 나면 할 수 있는 일들을 미리 적어놓는 것이 좋다. 이런 목표의식 없이는 자투리 시간이 생겨도 그때그때 기분에 따라 그 시간을 그냥 흘려버리기 쉽다. 책상에 교양도서를 10권 올려놓고 자투리 시간이 날 때마다 조금씩 읽는다는 계획은 어떨까?

넷째, 자투리 시간에도 각기 다른 레벨이 있기 때문에 그 수준에 맞춰서 활용해야 한다. 자투리 시간에도 A급, B급, C급이 존재한다. A급 자투리 시간에는 창의적이고 집중적으로 할 수 있는 일을 하는 것이 좋다. B급 자투리 시간에는 책을 읽거나 신문을 읽을 수 있다. 하지만 C급 자투리 시간이라면 눈을 감고 푹 쉬는 것이 좋다.

자투리 시간은 어떻게 활용하면 좋을까

사람들은 자투리 시간을 어떻게 활용할까? 다른 사람들의 활용 사례를 보며 자투리 시간 활용의 지혜를 익히자.

작곡가 요한 슈트라우스Johann Strauss는 비엔나 음식점에서 식사를 기다리는 동안 메뉴판 뒤에다 그의 유명한 왈츠곡을 썼다. 이렇게 해서 '푸른 도나우'라는 왈츠곡을 비롯해 수많은 왈츠곡이 탄생할 수 있었다. 미국의 스토우 부인은 우둔한 남편과 여러 자녀를 돌보면서 틈틈이 책을 썼다. 그녀는 부엌에서 입에 연필을 물고 빵을 구우면서 소설을 썼는데 이렇게 쓴 소설이 바로《톰 아저씨의 오두막Uncle Tom's Cabin》이다.

미국의 엘리너 루스벨트 여사는 수양회, 인터뷰, 약속시간 전후의 짧은 시간을 이용해 수많은 신문 칼럼을 썼다. 그녀는 항상 종이를 가지고 다니면서 시간이 나는 대로 편지를 쓰기도 했다. 링컨은 기차를 타고 가면서 봉투 뒷면에 한 메모로 그 유명한 게티스버그 연설문을 작성했다.

교수 H는 8개 국어에 능통하다. 그는 대학시절부터 시간만 나면 외국어 단어와 문장을 외우곤 했다. 그렇게 20년을 계속하면서 자연스레 탁월한 외국어 실력을 갖추게 되었다.

고교 3학년인 학생 C는 다른 과목도 잘하지만 특히 영어실력은 동급생들에 비해 탁월하다. 그는 고교 1학년 때 영어선생님께 매일 꾸준히 10분씩 영어를 큰 소리로 읽으면 듣기, 말하기, 읽기를 동시에 할 수 있다는 이야기를 들은 뒤 하루도 빼놓지 않고 매일 10분씩 짬을 내서 그것을 실천해왔다. 그러자 스스로도 놀랄 만큼 실력이 향상되었다.

S교수는 학기마다 교재 1권을 정해 학생들에게 3번 정독하게 한다. 그리고 그 책을 매일 등교하고 하교할 때 전철에서나 버스 안에서 읽도록 권한다. 이렇게 해서 학생들은 모두 별도로 시간을 내지 않고도 교수가 정해준 책을 3번 다 정독할 수 있었다.

K부장은 건강을 관리하기 위해 특별한 운동을 하지 않는다. 그런데도 그는 매우 건강하다. 그는 생활과 밀착된 운동을 짬짬이 한다. 우선 일어나서 10분 정도 명상과 맨손체조를 한다. 그리고 제자리에서 1,000번 뛴다. 팔굽혀펴기도 하루에 100회 한다. 회사에 출근해서도 7층에 있는 사무실까지 엘리베이터를 타지 않고 걸어서 올라간다. 잠깐의 휴식시간을 이용해서 스트레칭을 한다. 볼일이 있어 승용차를 몰고 나가면 목적지에서 좀 떨어진 곳에 주차하고 볼일 볼 곳까지 걸어간다. 집에는 벨트 안마 기구를 구입해놓고 아침과 저녁에 3분씩 몸을 푼다.

성공한 사람과 그렇지 못한 사람은 시간관리 방식에서 많이 다르다. 특히 자투리 시간을 어떻게 활용하느냐는 무척 중요하다. 성공한 사람은 자투리 시간도 살려서 활용하지만 그렇지 못한 사람은 그 시간을 그냥 흘려보낸다.

아마추어와 프로페셔널의 차이는 5분 덜 하느냐, 더 하느냐에 달려 있다는 말도 있다. 하루 5분을 더 살리면 인생이 확실히 달라진다. 그런데 누구나 하루에 2시간 정도는 지금보다 더 활용할 수 있다. 그렇다면 자투리 시간만 잘 활용해도 누구나 크게 성공할 수 있다는 이야기다.

자투리 시간에 할 수 있는 일의 목록을 만들자

자투리 시간의 길이와 그것이 만들어지는 상황은 각각 다르다. 그런데 아무 준비 없이 자투리 시간을 맞이하면 그냥 흘려보내게 된다. 따라서 자투리 시간의 양에 따라 미리 할 수 있는 일의 목록을 만들어두면 그 시간이 생기자마자 즉시 활용할 수 있다.

시간의 양에 따른 활동 목록

5분 내외	간단한 통화, 팩스 한 통 보내기, 엽서 한 장 쓰기, 줄넘기, 명언이나 단어 외우기, 맨손체조 등
15분 내외	영어회화 공부, 조그만 악기 연습, 신문 읽기, 책의 일부 읽기, 음악감상 등
30분 내외	식사 준비, 책상 정리, 서재 청소, 산책, 간단한 회의, 시사주간지 읽기 등
60분 내외	인터넷 검색, 세탁, 사업계획 수립, 연설문 작성, 상담 등

상황은 수시로 변하기 때문에 그때그때 주어지는 자투리 시간을 잘 활용해야 한다. 자투리 시간을 전천후로 활용한다는 생각을 가져야 한다. 일반적인 자투리 시간 활용방법은 다음과 같다.

1   조용히 눈을 감고 명상한다.

2   복도를 걷는다.

3   낙서, 스케치, 기록 등을 한다.

4   동료와 짧은 대화를 한다.

5   내일 해야 할 일을 계획한다.

6   버스나 전철에서 서 있을 경우 광고문을 읽는다.

7   새로운 곳에 가서는 사물을 잘 관찰한다.

8   소파에서 잠깐 잠을 잔다.

9   새로운 아이디어가 떠오를 때는 포스트잇에 기록한다.

시간약속 지키기

모임에 항상 늦는 사람이 있다. 그런데 그는 늦는 습관이 다른 사람에게 얼마나 비난을 받고 공동체에게 피해를 주는지 깨닫지 못한다. 그의 삶과 사업도 도무지 발전이 없다. 그가 다른 사람의 신용을 얻지 못하는 것이 큰 원인이다. 그에게는 자기 모습을 비춰볼 수 있는 거울이나 충격을 받을 만한 사건이 없는 듯하다.

시간엄수는 매우 좋은 습관이다. 가기로 한 곳에, 가기로 한 시각에 맞춰 매번, 예외 없이, 약속한 대로, 어떤 변명도 늘어놓지 않고 가는 것 말이다. 최근 모 잡지에서 원고 청탁을 받은 일이 있다. 나는 매번 마감일이 다가오기 일주일 전에는 원고를 보냈다. 그러자 담당자는 기뻐하며 나에게 "역시 시간관리를 하는 사람은 다릅니다"라고 했다. 시간을 지키는 것은 당연한 일인데도 이것을 이행하지 못하는 사람이 대단히 많다.

사람들은 대부분 약속시간보다 조금 늦어도 그 정도쯤이야 하면서 대수롭지 않게 여긴다. 하지만 그것은 자기에게도 다른 사람에게도 조금도 득이 되지 않는다. 여러분이 시간을 잘 지키면 다른 사람들에게도 여러분의 시간을 최대한 존중해달라고 요구하거나 기대할 권리가 생긴다.

시간을 잘 지키면 다른 사람으로부터 신뢰를 얻을 수 있고 자기 권위를 지킬 수 있다. 시간을 지키지 못하는 사람은 어떤 면으로도 신뢰할 수 없다. 회의에 일부러 늦게 와서 자신이 바쁘고 중요한 사람이라고 과시하는 이들이 있는데, 꼴불견이다. 시간을 잘 지키는 것은 자존심과 관계가 깊다. 자존심이 있다면 시간을 잘 지켜야 한다.

시간약속을 잘 지키는 비결은 약속시간을 수첩에 잘 적어놓아 잊지 않으며 약속한 장소를 향해 시간 여유를 충분히 두고 출발하는 것이다. 예상보다 30분 정도 일찍 출발하면 늦는 법은 거의 없다. 중요한 행사라면 훨씬 일찍 출발해야 한다.

개인끼리 하는 약속이라면 앉아서 편히 쉴 수 있거나 책을 읽을 수 있는 편한 장소에서 만나기로 시간약속을 하는 것이 좋다. 예를 들면 서점, 은행, 호텔, 카페 같은 곳 말이다. 일찍 도착하면 그곳에서 책을 읽으면서 기다리면 되기 때문이다.

시간을 잘 지키지 못하는 원인은 여러 가지가 있다. 기록하지 않아 약속시간을 잊어버리는 경우, 시간예측을 잘못해서 늦게 도착하는 경우, 그 일이 중요하지 않아서 일부러 늦게 오는 경우 등이 있다. 그러나 돌발 사태가 일어나지 않는 이상 시간약속은 잘 지켜야 한다.

다른 사람과 시간약속 못지않게 중요한 것은 자기와의 약속이다. 계획했던 대로 일을 추진하고 끝마쳐야 한다. 많은 사람이 쉽게 마음이 산란해지거나 약해진다. 사소한 일이라도 생기면 계획했던 일을 미루어버리는 경향이 있다. 미루는 것은 쉽지만 나중에는 시간이 더 많이 걸리게 되고 일을 아예 중단하는 경우도 일어나게 된다.

단순하게 살기

우리는 너무 복잡하게 산다 ────

우리는 너무 복잡하게 사느라 단순하게 사는 법을 모른다. 욕망이 한없이 팽창하고 외부 유혹도 많고 선택할 것도 많다. 이 사회의 풍조는 사람들로 하여금 단순하게 살도록 내버려두지 않는다. 오히려 단순하게 사는 사람을 바보 취급한다. 과소비를 조장하고 유행의 풍조를 따라가게 한다. 사람들은 무엇이 옳은지 모르면서 남들이 사는 대로 살아간다.

현대인은 대부분 물질 지향적인 삶을 살아간다. 더 많이 소유하려고 하고 무한히 소유하려고 한다. 주위에는 너무 많은 물건이 있다. 그 결과 자기 소유물에 치여서 신음한다. 필요 없는 것을 너무 많이 갖고 있다. 그런데 쓸데없는 것을 많이 가지고 있는 것 자체가 큰 낭비라는 것을 모른다.

이런 상황에서 우리를 구원할 수 있는 유일한 길은 단순하게 사는 방법을 찾는 것이다. 단순한 삶을 지향하면 시간, 돈, 정력의 분산을 막을 수 있다. 그 대신 시간과 돈과 정력을 인간답게 살아가는 일에 투자할 수 있다. 소유욕을 조금 줄이고 불필요한 것을 가지지 않았을 때 여유로움과 자유스러움을 즐길 수 있다. 현재 가지고 있는 것에 만족한다면 가질 것이 별로 없어도 정신적으로 부유한 사람이다.

가장 크고 가장 다양한 숫자가 '1'이다. 한 개, 한 사람, 한 나라, 집 한 채, 강 하나, 빵 한 개, 글자 하나, 한 가지 생각 등 수없이 많은 뜻이 숨어 있다. 하나는 사물을 대표하는 숫자다. 모 대학교수는 자기 직책이 20여 개나 되었는데 연초에 그중 상당수를 내려놓았더니 마음의 여유와 평화가 찾아왔다고 말했다. 단순單純이란 무엇인가? 단순이란 나눠짐이 없고 순전하여 섞인 것이 없는 것을 말한다.

인간의 본성은 단순하다. 가장 위대한 진리도 단순하다. 창조주는 인간을 단순하게 창조하였는데 인간 스스로 복잡하게 만드는 것이다. 단순하게 사는 것이 가장 분수에 맞게 사는 것이고 가장 실용적으로 사는 것이다. 다행히 단순한 삶의 가치를 이해하는 사람이 많아지고 있다. 소비를 줄이고 소박하게 살려는 사람, 느림의 가치를 이해하는 사람, 자연과 지내고자 하는 사람이 늘고 있다.

단순하게 사는 것은 단순하지 않다

'단순하게 사는 것은 단순하지 않다'는 역설적인 말은 단순한 삶을 살기 위해서 많이 노력해야 함을 시사한다.

첫째, 우리 자신을 살펴보자. 우리 자신은 자신도 모르게 물질의 노예가 되어 있다. 물질을 숭배하고 매사가 물질에 따른 가치관으로 일관되어 있다. 사람보다 돈을 우선시한다. 그리고 사람의 인격에 대해서는 아랑곳하지 않는다. 돈 때문에 몸이 묶였고 마음이 묶였고 생각도, 느낌도 몽땅 묶여버렸다. 그런데 돈 버는 것을 목적으로 살아가면 비참하게 된다.

돈에 중독되어 있는 사람에게는 꿈이니 행복이니 권리니 하는 말은 통하지 않는다. 돈의 노예가 되면 돈밖에 보이지 않는다. 아무리 돈의 귀중함을 강조한다 할지라도 돈은 목적적 가치가 아니라 수단적 가치일 뿐이라는 것을 이해할 필요가 있다. 돈을 우상시하지 마라. 그것이 단순하게 살아가는 첫째 계명이다.

둘째 계명은 선택을 잘하는 것이다. 우선 필요need와 욕망desire을 구별하는 것이 중요하다. 물을 마시는 것은 필요다. 그러나 고급 포도주를 마시는 것은 욕망이다. 살 집을 갖는 것은 필요다. 그러나 고급 호화주택을 소유하는 것은 욕망이다. 몇 가지 옷을 구비하는 것은 필요다. 그러나 고급 옷을 지나치게 많이 갖는 것은 욕망이다.

욕망이 지나치면 그 욕망이 우리 자신을 소유하고 만다. 물건에 소유되지 않는 유일한 방법은 거의 아무것도 소유하지 않는 것이다. 테레사 수녀의 유품은 옷 2벌, 성경책 1권, 나무 십자가 1개, 묵주 1개가 전부였다고 한다. 우리는 가진 것이 너무 많다. 현대는 테레사 수녀처럼 소박하게 살아갈 수는 없다. 하지만 그 수녀의 청렴정신만은 본받을 필요가 있다.

여러분이 가진 것을 '필요한 것'과 '욕망적인 것'으로 구분해보기 바란다. 욕망적인 것을 점점 없애고 필요한 것만 남겨두는 습관을 길러야 한다.

단순한 삶의 기술

단순성의 원리를 생활에 적용하기 바란다.

1 소원, 꿈, 욕구, 목표 : 분명하고 단순하게 한다.

2 소유 : 필요한 것을 갖는다.

3 일의 선택 : 너무 많은 일을 선택하지 않는다. 소수의 중요한 일을 선택한다.

4 일의 방법 : 한 가지에 집중한다. 한 가지를 완성하고 다음 일에 착수한다.

5 말 : 분명하게 자기표현을 한다. 간결하고 명료하게 말한다.

6 시간 : 항상 여유를 가지고 행동한다.

7 문제 : 될 수 있는 한 단순하게 만든다. 시시한 문제에 초연한다.

8 집 : 간결하고 안락하고 편리하게 꾸민다.

9 식사 : 간소하게 한다.

10 옷 : 필요한 옷을 구비한다. 1년 이상 입지 않는 옷은 처리한다.

11 거절 : 중요하지 않은 남의 요청은 현명하게 거절한다.

12 정리정돈 : 물건이 있어야 할 곳을 찾아 그곳에 둔다.

13 신문읽기 : 자신이 관심을 갖는 기사나 흥미 있는 내용만을 골라 읽는다.

14 감정 : 늘 평정심을 유지한다.

15 외출, 쇼핑, 여행: 필요한 경우 외에는 너무 많이 하지 않는다.

여백이 있는 삶

여가

    방 안에는 여백이 있고, 동양화에도 여백이 있으며, 냉장고에도 여백이 있다. 아무리 바쁜 일정이 있다 할지라도 시간 중간중간 텅 빈 공간을 만들어낼 수 있다. 이 비움은 우리의 삶에 중요한 의미를 부여한다. 아무리 명곡이라도 쉼표가 반드시 있다. 음악에 쉼표가 없다면 음악을 듣는 사람들이 매우 곤혹스러워할 것이다.

    창고와 같이 물건이 꽉 찬 방에서는 살아갈 수 없다. 물건이 담긴 그릇에는 다른 물건을 담지 못한다. 삶은 적당히 빈구석이 있어야 하는데 그것이 일상에서 여유를 확보하는 일이다. 이 여유가 인생의 다른 면을 풍성하게 해준다.

    이 세상에서 가장 바쁜 사람인 빌 게이츠William H. Gates는 1년마다 최소 2주간 '생각주간'이라고 자칭하는 휴가를 떠난다. 그 기간에 여러 곳으로 여행을 다니는 것이 아니라 책과 최소한의 생활용품만 가지고 호텔로 들어간다. 그 기간에는 자기 처소를 아무에게도 알리지 않고 전화 연락도 하지 않고 오직 책을 읽고 미래 구상을 시작한다.

바쁜 삶에서 여유를 확보하기는 쉽지 않다. 하지만 여유의 중요성을 인식하고 의도적이고 계획적으로 여유를 만들어야 한다. 그 여유가 삶을 풍성하게 만드는 것이다. 여유를 만들고 여유를 즐기는 사람은 시간 면에서 부유를 누리고 사는 사람이다. 그런데 늘 발등에 불이 떨어진 것같이 시간에 항상 쫓기는 사람은 시간 가난뱅이라고 할 수 있다.

우리 삶을 두 가지로 나눈다면 하나는 일이요, 다른 하나는 여가다. 일과 여가는 삶의 중요 요소들로 우리 시간의 대부분을 차지한다.

하루 24시간 동안 우리가 하는 일을 간략하게 의무적인 활동과 선택적인 활동으로 나눌 수 있다. 그런데 이것들은 두 갈래 영역이 아니라 연속된 활동의 두 양상으로 보아야 한다. 꼭 해야 하는 일은 개인의 생리적인 욕구를 채우는 것(의식주, 건강 유지), 집안일(식사 준비, 청소), 생계를 유지할 직업, 자기 발전을 위한 연구, 사회적 의무(가정생활, 자녀양육, 세금 및 준법) 등이다.

자유로 선택할 수 있는 활동을 여가라고 부르는데, 즉 종교, 운동, 오락, 취미생활과 기타 자유롭게 할 수 있는 활동들이다. 일과 여가는 잘게 쪼개진 삶의 부분이 아니라 삶이라는 일관된 강물의 두 줄기다. 여가는 자유로운 시간이다. 여가란 만족을 위해서 비교적 자유롭게 선택할 수 있는 활동이다. 책임들에서 벗어난 자유로운 시간이다.

덜 중요한 일을 대폭 줄여라

자신도 모르게 강박증 환자가 되고 만 한국인은 매사에 조급하며 일을 빨리 마치지 않으면 불안감을 느낀다. 평안히 휴식을 취할 수 있음에도 일을 계속해야 안정을 느끼는 듯하다. 얼마 전에 'KBS 세상의 아침입니다' 프로에 출연하여 한 40대 중반 남성의 시간관리를 상담해 준 적이 있다. 그는 일 욕심이 매우 많은 사람으로 일주일에 무려 105시간 이상 일하고 있었다. 그의 주업은 '댄스스포츠 강사'였다.

그런데 그는 자기계발을 위해 무려 세 가지 강좌를 듣고 있었고, 가사노동도 하고 있었으며, 아파트 주민대표로 주민들의 모든 경조사에 참여하고 있었다. 자원봉사도 하고 지인 챙기기도 소홀히 하지 않았다. 그는 눈코 뜰 새 없이 바쁘게 살면서 왜 그렇게 해야 하는지 모르고 있었다. 다만 활기차게 사는 것이 기분이 좋다고만 말할 뿐이었다. 그의 아내는 자기 남편이 몹시 바쁜 데 대해 불만을 갖고 있었지만 돈을 잘 벌어다주기 때문에 참을 수 있다고 말했다.

나는 그에게 주업은 계속하되 부업과 취미의 3분의 2를 줄이라고 충고해주었다. 즉, 선택과 집중의 방식을 따르라고 했다. 사람들은 일중독에 빠진 사람들에게 관대하게 대하는 경향이 있다. 하지만 일을 현명하게 해야 한다. 일만 하지 말고 쉴 때도 있어야 한다.

그가 자신의 일을 줄이지 않는다면 가까운 장래에 그의 건강에도 가정에도 문제가 생기게 될 것이다. 꼭 필요한 일이 아니면 될 수 있는 한 줄이고 단순하게 사는 것이 자기를 지키고 가정을 평안하게 하는 일임을 명심하자.

여가활동의 지침

여가활동을 할 때 아래와 같은 지침을 따르면 효과적이다.

- 내가 좋아하는 것, 즉 기쁨과 보람을 주는 것
- 비교적 손쉽게 할 수 있는 것
- 경비가 적게 들어가는 것
- 기분전환이 가장 잘되는 것
- 내 모습에 가장 잘 어울리는 것
- 일의 보상이 되는 것
- 자기 발전에 도움이 되는 생산적인 것

여가활동 목록

대학 캠퍼스 거닐기, 보고 싶은 영화 감상, 좋아하는 운동, 낚시, 음악 감상, 노래방에 가서 노래 부르기, 온천 가서 목욕하고 쉬고 산책하기, 명상, 평소에 가보지 않은 길 드라이브, 유튜브 영상 감상, 계곡에 자주 가기, 등산 후 목욕, 시장 구경, 서점에 가서 신간서적 살펴보기, 텔레비전 시청, 이메일 주고받기, 잡담이나 시시콜콜한 대화, 화장실 가기, 낮잠, 카드놀이, 심호흡, 단전호흡, 간단한 가구 만들기, 정원 가꾸기, 책 읽기, 어린이와 함께 놀기, 사회봉사 활동, 악기 연습, 그림 그리기, 문화유산답사 등

여가의 기술

퇴근 후 여가 생활은 직장인들에게 매우 중요한 부분이다. 일을 마친 후의 시간은 자신을 챙기고 휴식을 취하며 삶의 다른 측면을 즐기는 데 사용되어야 한다.

- 평소 자신의 업무를 열심히 할 것. 그래야 여가나 휴일의 기쁨을 알게 된다. 일이 없고 여가와 놀이가 매일반인 사람은 여가의 기쁨을 느끼지 못한다.
- 일을 하면서 여가를 즐길 수 있다. 그것은 본인의 태도에 달려 있다. 자기가 해야 할 일을 즐겁게 선택하는 것, 일을 여가처럼 즐겁게 하는 것 등이다. 일이 재미있으면 일 자체에서도 여가를 얻는 것이나 다름없다.
- 여가를 즐기는 것에 대해 죄책감을 가지지 말 것. 일을 할 때는 집중해서 하고 여가를 즐길 때는 홀가분한 마음으로 할 것. 일에 중독되어 있는 사람은 여가의 즐거움을 좀처럼 맛보지 못한다.
- 일과 여가의 중요성을 동일하게 간주할 것. 여가를 일에 종속되어 있는 것같이 생각하는 것은 잘못이다. 대체로 창의성은 여가를 즐기는 가운

데서 얻는다.

- 여가라고 해서 너무 자유분방해서는 안 된다. 여유시간도 어느 정도 시스템화하는 것이 좋다. 즉, 시간과 내용을 잘 조직해야 좀 더 효과적이다.

- 여가에 너무 오랜 시간과 기일을 보내면 안 된다. 만약 그러면 게으른 습성이 생기게 된다.

- 수준 높은 여가를 하도록 노력한다. 여가에 텔레비전만 보거나 고스톱을 하면 생산적이지 못하다. 여가는 가급적이면 판에 박힌 일과 의무에서 탈피하면서 개인의 행복을 증진하는 것이 좋다. 취미도 될 수 있고 돈도 벌 수 있는 여가도 바람직하다.

매일 행복을 선택하기

　평생 행복하려면 어떻게 해야 좋은가? 재미있고 행복한 시간을 많이 가지면 된다. 행복은 찾기도 해야 하고 만들기도 해야 한다. 행복이란 바이올린 연주나 자전거 타기처럼 일부러 익혀야 하는 기술이요, 연습할수록 느는 삶의 습관이다.

　우선 가정에서 행복한 시간을 충분히 만들고 누려야 한다. 그리고 직장을 포함한 모든 영역에서도 행복한 시간을 창조하자. 부탄은 가난과 행복이 공존하는 나라다. 국민총행복에서는 하루를 세 부분으로 나눈다. 8시간은 일, 8시간은 자유 시간, 8시간은 잠이다. 이런 분할은 인간의 행복과 평안에 결정적으로 도움을 준다. 이 나라는 특이하게도 국민총생산보다는 국민총행복이 더 큰 의미를 지닌다.

　시간을 지배할 수 있어야 행복하다. 그러므로 자신의 시간에 대한 통제권을 늘 확보해야 한다. 그리고 자신에게 진정 중요한 일을 해야 행복하다. 긍정적인 마음, 일, 사랑, 건강관리, 물질관리가 행복의 기본요소다.

행복은 선택이다. 행복으로 가는 열차에 오르는 티켓을 구입하면 행복한 미래를 보장받을 수 있다. 사람들은 머리로 창조한 것과 똑같은 인생을 보낸다. 아침에 일어날 때 '아, 기분 좋다'고 생각하는 사람은 뇌가 '기분 좋은 하루란 어떤 것일까?' 하며 기분 좋은 하루를 만들어가기 위한 정보를 여러 모양으로 찾기 때문에 정말로 기분 좋은 하루를 보낼 수 있다.

반대로 '아, 지겨워, 오늘도 할 일이 있으니 큰일이야'라고 생각하는 사람은 실제로 괴롭고 힘든 하루를 보내게 된다. 즉, 인생은 선택이 쌓여서 이루어지게 된다. 어떤 말을 사용하느냐가 자연스럽게 행복한 인생과 불행한 인생을 만들어나간다는 것이다.

그렇다면 아주 간단한 일이다. "나는 지금 매우 행복하다!"라고 선택하면 바로 행복한 인생을 얻게 된다. 우리가 막 태어났을 때는 모두 행복으로 가는 열차에 타고 있었다. 그런데 많은 사람이 살아가면서 그 티켓을 무용지물로 만드는 어리석음을 범하고 있다. 행복하기 위해 머리를 써야 한다. 아이디어를 조금만 활용하면 얼마든지 재미있고 즐겁게 살아갈 수 있다.

'걸어서 세계 속으로'라는 KBS 프로그램 중 핀란드 편을 시청한 적이 있다. 핀란드에서는 1992년부터 '아내를 업고 뛰는 경주' 대회를 시작했다. 여자의 몸무게가 49kg 이상이 되어야 하는데 모자라면 무게가 나가는 물건을 여자가 지녀야 한다. 아내가 아닌 애인도 참여할 수 있으며 1등을 한 커플에게는 여자의 체중만큼 맥주를 상으로 준다. 언뜻 보기에는 시시한 것 같지만 재미있는 아이디어다. 그래서 사람들이 이 경주에 즐겁게 참여하는 것이다.

얼마 전 영국 국영방송 BBC는 사회 각계인사들로 구성된 '행복위원회'를 만들고, 그 위원회가 만든 '행복헌장'을 발표했다. 여기서는 행복에 이르는 지침을 다음과 같이 17가지로 정했다.

① 친구Friend, ② 돈Money, ③ 일Works, ④ 사랑Love, ⑤ 성Sex, ⑥ 가정Family, ⑦ 자녀들Children, ⑧ 음식Food, ⑨ 건강Health, ⑩ 운동Exercise, ⑪ 귀여운 동물Pets, ⑫ 휴일Holidays, ⑬ 공동체Community, ⑭ 미소Smile, ⑮ 폭소Laughter, ⑯ 영성Spirits, ⑰ 나이Age

(행복한 시간을 만드는 법에 대해서는 필자의 다른 저서《한국인이 꼭 알아야 할 행복습관》을 참고하기 바란다.)

좋은 시간관리
습관 리스트

이 책은 시간관리의 좋은 습관을 일관성 있게 다루고 있다. 가장 좋은 시간관리 습관은 무엇인가? 그것은 목표설정, 우선순위 결정, 계획수립이다. 하지만 그 밖에도 시간관리의 좋은 습관은 참으로 많다. 그 습관 목록만 잘 숙지하고 있어도 효과가 있다. 그러나 그 습관을 몸에 배도록 노력하는 것이 더 바람직하다. 이 장에서 다룬 내용과 아래 목록을 자주 읽어보고 연습하자.

1   핵심에 몰입한다.

2   해야 할 일은 지금 바로 한다.

3   일단 신중하게 결정한 것은 전심전력하여 일을 마친다.

4   타인의 의견에 끌려다니지 않는다. 자기에게 맞는 방식으로 일한다.

5   심신이 지치기 전에 쉰다. 건강한 신체는 시간을 절약하기 위한 필수

요건임을 안다.

6   때로는 해결되지 않는 문제를 고민하지 않고 시간이 해결하게 놔둔다.

7   책이나 독서거리를 효과적으로 읽는다.

8   불필요한 언쟁은 피한다. 언쟁을 잘하는 사람과 떨어져 앉는다.

9   회사 근처에서 산다.

10 일에서 최대한 기쁨을 찾는다.

11 항상 긍정적인 사고를 하며 살고 고민과 근심은 최대로 줄인다.

12 실패에 얽매이지 않는다. 실패해도 거기서 교훈을 얻고 곧 잊는다.

13 일에서 성공할 수 있는 최선의 방법을 찾는다.

14 일을 모아서 한 번에 처리한다.

15 이미 지난 일은 후회하지 않는다.

16 시간을 절약하는 기술을 연구하고 공부한다.

17 일찍 일어나고 깨어나면 바로 일어난다.

18 점심식사는 간단하고 느긋하게 한다.

19 신문, TV, 인터넷 보기를 오래하지 않는다.

20 1년에 한 가지 자신의 악습을 버린다.

21 항상 수첩을 휴대하여 가치 있는 정보를 수시로 기록한다.

22 매월 말에 그달 생활했던 것을 점검하고 불필요한 것을 다시는 하지 않는다.

23 자신에게 힘과 격려가 되는 표어를 만들어 책상에 두고 수시로 자신을 채찍질한다.

24 계획표에 반드시 여유 시간을 두어 급한 일, 예기치 못한 일에 대비한다.

25 매우 어려운 업무는 머리를 써서 지혜롭게 처리한다.

26 건강에 지속해서 신경 쓴다.

27 문장쓰기, 문서 만들기를 신중하게 한다.

28 오전에는 독립적인 일을 한다. 회의나 외출은 오후에 한다. 오전에는 회의를 삼간다.

29 강의나 대화를 경청하여 또다시 질문하는 일이 없도록 한다.

30 마감시간을 의식하면서 일한다.

31 다른 사람의 시간을 낭비하지 않는다. 예기치 않은 방문, 필요 없는 전화를 하지 않는다.

32 어려운 일이나 전문적인 일은 돈을 들여서라도 전문가의 도움을 받는다.

33 우송되어 온 문서는 즉시 한 번에 처리하는 습관을 기른다.

34 사소한 일들, 남이 더 잘할 수 있는 일은 다른 사람에게 위임한다.

35 필요한 정보를 필요한 때 신속하게 찾아낼 수 있는 시스템을 마련한다.

36 매월 3시간 정도는 주변의 잡다한 일을 처리하는 시간으로 할애한다.

37 정신이 맑지 않을 때는 중요한 일이나 중요한 결정을 하지 않는다.

38 주말에는 일에 대해서 생각하지 않는다.

39 좋은 아이디어를 내서 시간과 물질을 최대한 절약한다.

40 끊임없이 자신에게 '나는 지금 최대로 시간을 잘 활용하고 있는가?'라고 질문한다.

41 간단히 회의할 때는 서서 한다.

42 말을 할 때 횡설수설하지 않고 요점을 전한다.

43 시간을 잘 관리하는 사람과 사귄다.

44 일정, 해야 할 일, 전화할 사람 등의 리스트를 만들어 활용한다.

45 기록을 생활화한다. 어디 갈 때든 노트와 펜을 지닌다.

46 계획에 없는 일을 가급적 하지 않는다.

47 사람이 몰리는 주말에는 쇼핑을 하지 않는다.

48 가치 있는 정보만 모은다.

49 이동시간은 학습시간으로 이용한다.

50 쓸데없는 뉴스를 보지 않는다. 필요 없는 볼거리도 보지 않는다.

11장

시간관리의 천재들을 벤치마킹하라

용기 있게 앞으로 나아가는 자가 기적을 만든다.

To go bravely forward is to invite a miracle.

위인들의 삶의 자취는 평범한 사람들의 그것과는 많이 다르다.

그들은 자신의 시간, 능력, 환경을 최대한 이용해서 자아실현을 하고 국가 사회와 후대 사람들에게도 지속적인 영향을 주었다.

그들의 삶의 발자취를 살펴보는 것은 흥미 있을 뿐 아니라 도전의식을 불러일으킨다.

시간관리의 천재라고 할 수 있는 위인 네 명의 삶을 시간관리 측면에서 조명해본다.

벤저민 프랭클린

벤저민 프랭클린Benjamin Franklin 하면 피뢰침을 발명한 미국의 과학자 정도로만 인식하는 사람들이 많다. 하지만 그는 정치가, 외교관, 과학자, 저술가, 신문사의 경영자였던 세계적 위인이다. 상당히 다양한 분야에서 활약하며 미국의 발전에 큰 공헌을 한 사람이다. 미국 달러화에도 인물화가 새겨져 있는데 그중 대통령이 아닌 인물은 단두 명, 즉 알렉산더 해밀턴(10달러)과 벤저민 프랭클린(100달러)이다. 벤저민 프랭클린은 미국 독립에도 중추적인 역할을 하였다.

삶이 따분하다고 여겨지는 사람은 벤저민 프랭클린의 생애를 보면서 도전을 본받을 필요가 있다. 그는 자수성가의 모델이다. 그는 1706년 1월 17일에 미국 보스턴에서 출생하였고 1790년 4월 17일에 필라델피아에서 서거했다. 당시로는 꽤 장수한 편이다.

그는 너무 가난해서 초등학교도 제대로 졸업하지 못했다. 고작 초등학교에서 1년간, 그리고 개인선생에게서 약간 지도를 받은 것 외에는 모두 독학으로 글을 깨우치고 지식을 쌓았다. 하지만 미국에서는 그의 장례를 국장國葬으로 치를 만큼 모든 사람이 우러러보는 삶을 살았다. 그의 일생은 기적으로 가득 차 있었다. 그는 19세에 인쇄소에 견습공으로 들어가면서 사회생활을 시작했다.

그러곤 피나는 노력을 통해 시인, 인쇄소 사장, 대학 설립, 소방서 설립, 경찰제도 도입, 신문 발행, 쌍안경 발명, 전기 발견, 피뢰침 발명, 주州의회 회장, 독립선언문 기초위원, 주프랑스 대사 등 수많은 업적을 남겼다. 또 5개 국어에 통달하기도 했다.

그는 인쇄업자로 성공한 다음 자신이 평생 지켜야 할 13가지 덕목을 선정하였다. 그 후 50년 이상 자신의 수첩에 이 13가지 덕목을 항상 기록해왔고, 이 항목의 실행 여부를 스스로 체크했다.

일주일마다 13가지 덕목 중 한 가지를 집중적으로 실천하려고 노력했고 스스로 끊임없이 검토했다. 이런 습관을 유지했기 때문에 행복하고 만족스러운 삶을 살 수 있었다고 스스로 인정했다. 그 덕목은 절제, 침묵, 규율, 결단, 절약, 근면, 성실, 정의, 중용, 청결, 평정, 순결, 겸손 등이다.

그는 어려서부터 시간의 귀중함을 깨닫고 평생 시간을 철저히 아껴 쓴 사람이다. 그래서 많은 일에서 크게 성공할 수 있었다. "시간은 돈이다"라고 처음 말한 사람은 다름 아닌 프랭클린이다. 그는 "시간은 가장 귀중한 것이다. 그렇다면 시간낭비야말로 가장 큰 낭비다"

라고 말하기도 했다.

그가 살았던 때는 목가적인 시대였다. 현대사회는 매일 많은 정보와 일이 우리를 억압하므로 시간은 훨씬 더 중요한 가치를 지닌다. 따라서 경제적 가치와 대가 차원에서 시간을 다루는 경향이 지배적이다. 시간의 가치를 올바로 이해하는 것은 어느 시대에나 시간관리의 기본이다.

시간관리에 대한 그의 에피소드는 많다. 그가 10세 때 집안 형편이 어려워 다니던 학교를 그만두고 형의 인쇄소에서 일을 배우기 시작했다. 그는 열정적인 노력 덕분에 능숙한 인쇄기술을 습득하게 되었고, 또한 글 쓰는 솜씨도 늘려가기 시작했다.

그가 젊은 시절 서점을 경영할 때의 일이다. 어느 날, 한 손님이 책방에 들어와 책을 뒤져보다가 마음에 드는 책을 한 권 손에 들고 "이 책이 얼마입니까?"라고 물었다. 프랭클린이 1달러라고 대답하자 손님은 "조금 싸게 안 됩니까?"라고 흥정을 했다. 이에 프랭클린은 "그렇다면 1달러 15센트를 주십시오"라고 대답했다. 어이가 없어진 손님은 "여보시오. 깎자는데 더 달라는 사람이 어디 있습니까?"라고 대꾸했다. 그러자 프랭클린은 천연스럽게 다시 "1달러 50센트입니다"라고 값을 더 올려 불렀다.

급기야 화가 난 손님은 따지고 덤볐다. "당신, 나와 시비를 걸자는 거요? 왜 점점 더 비싸게 부르는 거요?" 프랭클린은 점잖게 그 손님에게 대답했다. "시간은 돈보다 귀한 것입니다. 왜 쓸데없는 흥정으로 남의 귀한 시간을 빼앗습니까?"

그는 철저하게 시간을 아끼며 자신을 관리했다. 저녁이면 조그마한 수첩에 그날 하루의 행동을 기록하고 뒤돌아보며 자신이 세운 계획에 어긋나는 것을 발견하면 검은 점을 찍어넣고 잘못을 반성했으며, 하루 24시간 계획을 세우고 빈틈없이 체크했다. 그는 낮이 긴 여름시간을 효과적으로 활용하기 위해 표준시간보다 1시간 시계를 앞당겨놓는 서머타임제도를 주장했다.

그는 평소에 독서를 많이 했으며 독서의 중요성을 사람들에게 일깨웠다. 하루는 매사추세츠주 프랭클린의 마을 지도자들이 프랭클린에게 교회 뾰족탑에 매달 종을 살 수 있도록 기부를 해달라고 부탁하는 편지를 보내왔다.

그러자 프랭클린은 다음과 같은 메모와 함께 돈을 보냈다. "마을 이름을 프랭클린이라고 지었다니 영광입니다. 기부금을 동봉합니다. 하지만 종을 사기보다는 이 돈으로 도서관을 지어주셨으면 합니다. 소리를 듣는 것보다는 지적 능력을 키우는 편이 더 좋다고 생각하거든요."

그는 1732년 《가난한 리처드의 연감》이라는 금언집을 발간하여 대중에게 큰 인기를 얻어 돈을 많이 벌었으며 유럽에까지 이름을 날렸다. 그는 탁월한 아이디어를 가졌고 매사에 능력을 발휘했다. 사업이 크게 번창하자 1748년부터 사업을 대리인에게 맡기고 과학을 연구하는 데 많은 시간을 보냈다.

그는 다양한 분야에서 성공을 거두며 정신적으로도, 내적으로도 행복한 삶을 살았다. 사람들은 그를 가리켜 이렇게 말했다. "Jack of all trades, master of each and mastered by none-the type and genius of his land." 무엇이든지 완전히 해낸 사람이라는 뜻이다.

그가 평생 수없이 많은 위대한 업적을 남겼을 뿐만 아니라 사람들의 끝없는 존경을 받을 수 있었던 것은 원칙을 따른 삶을 살고 철저히 인격도야를 했으며 도전정신을 잃지 않았기 때문이다. 또 그는 항상 철저한 합리주의 사상에 근거해서 행동했다. 프랭클린의 정신을 오늘날 미국인들은 '미국의 정신'이라고 한다.

그의 일생을 움직인 가장 큰 동기는 가치관이었다. 그는 다른 사람을 유익하게 하는 일에 최선을 다했다. 그는 신神이 가장 좋아하는 봉사는 남에게 선을 베푸는 일이며, 모든 죄는 벌을 받고, 덕행은 보답을 받는다는 것을 절대 의심하지 않았다. 행복한 생활을 위해서는 진실, 성실, 청렴으로 인간관계를 맺어야 한다고 생각했다.

그는 미국 건국 초기, 혼란하고 무질서한 세상에 혜성과 같이 나타난 존재였다. 그리고 자신의 가능성을 최대로 발휘해서 위업을 달성했다. 오늘날은 프랭클린이 살았던 시대보다 수백 배나 편리한 시대다. 그의 정열, 인격 그리고 시간관리 습관을 본받아 살아가면 성공과 행복을 얻게 될 것이다.

이순신 장군

우리는 이순신 장군을 성웅이라고 일컫는다. 우리나라 역사에 이순신 장군과 같은 훌륭한 인물이 있다는 것은 자랑스러운 일이다. 1545년 서울에서 태어난 이순신 장군은 1576년에 무과병과로 급제하여 관직에 나갔으나 1591년에 전라좌도 수군절도사가 되기까지는 대기만성이라는 말이 실감될 정도로 미관말직만 지냈다. 임진왜란이 일어나자 옥포에서 적선 30여 척을 격파하고 이어 사천에서 거북선을 처음 사용하여 적선 13척을 분쇄한 이래 총 23회의 해전에서 단 한 번도 패하지 않았다.

1597년 원균의 모함으로 서울에 압송되어 사형 위기에 처했으나 우의정 정탁의 변호로 사형은 면하고 백의종군하게 되었다. 그리고 삼도수군통제사에 재임명되어 노량에서 왜군을 상대로 명나라 해군과 연합작전을 펴던 중 전사했다. 우리 민족 역사상 가장 추앙받는 인물인 그는 글에도 능하여 《난중일기》와 시조, 한시 등 여러 편의 작품을 남겼다.

그는 시간관리의 달인이다. 다음에 설명하는 내용은 그가 얼마나 시간관리에 탁월했는지를 보여주는 증거들이다.

그는 국가와 민족을 구하겠다는 거룩한 목표를 지녔다. 그는 불타는 애국심을 지녔다. 그의 국가에 대한 열정은 백성들의 마음도 사로잡아 국가에 헌신하게 하였다. 그는 뚜렷한 인생목표와 철학을 소유하였다. 그는 다음과 같은 말을 자주 하였다. "장부로서 세상에 태어나 나라에 쓰이면 죽기로서 최선을 다할 것이며, 쓰이지 않으면 들에서 농사짓는 것으로 충분하다." 어떤 가치관을 가지고 있느냐가 그의 모든 행동을 결정하는 것이다.

그는 열심히 독서하여 올바른 지식과 지혜를 쌓았다. 그는 '아는 것이 힘'이라는 사실을 일찍 깨달았다. 그가 살아온 시대는 전쟁의 시대였다. 그런데도 무인들은 병법을 공부하지 않아 늘 패했다. 이순신도 무술을 익혔다. 하지만 거기서 멈추지 않았다. 지식과 지혜를 얻기 위해 늘 책을 끼고 지냈다. 《난중일기》와 《임진장초》에는 그가 얼마나 열심히 독서했는지 흔적을 찾아볼 수 있다.

그는 독서에 몰입했다. 마치 과녁에 마음을 집중해 활을 쏘는 것과 같은 자세를 가지고 책을 읽었다. 책에서 궁금한 것은 끝까지 해답을 찾았다. 관심이 있는 책은 원서까지 찾아 읽었다. 그는 정신을 차려 수없이 반복해 읽어 마음에 저장하였으며, 사색하면서 완전하게 자기 것으로 만들었다. 그는 당시 명나라의 병법 책을 대부분 구해서 읽고 또 읽었다. 그러니 병법에 능통할 수밖에 없었다.

그는 전쟁을 미리 대비했다. 47세에 전라좌수사가 된 그는 바다 건너 일본에서 흘러나오는 소문에 귀를 기울였다. 일본이 수많은 병선과 무기들을 만들고 있다는 소문을 듣고, 곧 왜국이 쳐들어올 것을 예측하였다. 그래서 그는 전쟁 준비를 했다. 수군이 주둔할 진지를 튼튼히 쌓았고, 새로운 화포와 무기를 열심히 만들었다. 군사 훈련을 철저히 하였다. 왜적에 맞서 싸울 만한 새로운 전투함을 만들었다. 그의 예측대로 거북선이 완성된 지 15일 만에 일본군이 수백 척의 배를 거느리고 부산 앞바다로 침략해왔다.

그는 원칙에 충실한 사람이었다. 자신의 가치관, 신념, 원칙에 따라 일관되게 행동하였다. 그가 하급관리였을 때 상관의 부당한 요구를 거절하여 불이익을 당했지만 결국 이런 행동이 그의 신용도를 높여주는 결과를 가져왔다. 그는 매사에 최선을 다하였다. 모든 성공한 위인은 언제나 최선을 다하였고 그들은 게으름과 안일함과 싸워 이겼다. 그의 생애도 바른 마음으로 혼을 담아 열정을 불사른 삶이었다. 그는 스스로 어떤 일을 하든 언제나 진심을 다했고, 부하들에게도 최선을 다할 것을 요구했다.

그는 자신이 최선을 다해 무엇인가를 이루어도 언제나 겸손했다. 그는 전투 때마다 겁에 질린 장졸의 사기를 높이기 위해 가장 앞장서서 활을 쏘고 지휘했다. 그는 최후 전투였던 노량해전에서 책임과 의무에 최선을 다하다가 장렬하게 전사했다. 그는 언행이 일치하는 삶을 살았기 때문에 다른 사람에게서 존경과 신뢰를 받았다.

그는 완벽을 추구했다. 그는 매사에 철저했다. 지금도 이순신이 활쏘기 연습에 매진했던 한산도 활터에 가보면 그의 완벽성을 추구하는 대비태세를 잘 볼 수 있다. 화살로 적을 명중시키려면 적과의 거리를 정확히 측정해야 한다. 그러나 바다에서는 거리 감각이 무디어져 다른 배에 탄 적을 정확히 겨냥하기가 어렵다. 이 문제를 해결하기 위해 이순신은 바닷물을 사이에 두고 활 쏘는 곳과 과녁을 배치할 수 있는 곳을 활터로 개발했다. 이런 활터는 그곳이 국내에서 유일하다.

그가 완벽성을 추구한 다른 표시는 숫자에 언제나 철저했다는 것이다. 그는 언제나 숫자를 철저하게 파악했고 일기에 기록했다. 그의 일기는 마치 회계장부를 방불케 하였다. 그런 노력이 있었으므로 자신이 경영하는 5관 5포의 재무 및 조직 상태를 정확하게 진단할 수 있었고 화근을 미리 막을 수 있었다.

그는 중장기 계획을 세우기 위해 정기적으로 회계를 살폈다. 그는 "도양의 목장에 딸린 전답의 벼가 20섬 13말 5되"라고 기록했는데 최소 단위인 되까지 기록하였다. 이렇게 치밀했기 때문에 군수물자 부족으로 고통받지 않았던 것이다.

그는 자기 관리를 철저히 하였다. 그는 부하들의 사기를 진작하기 위해 종종 술자리를 열었다. 하지만 그는 같이 마신 사람들과 달리

몸을 가누지 못하거나 다음 날 일에 지장을 줄 정도로 마시지 않았다. 그는 사기고양의 수단으로만 술자리를 베풀고 자신은 입술을 살짝 적시는 정도만 마셨던 것이다.

그가 자기 관리에 능하다는 또 다른 증거는 강등되어 권율 장군 휘하에서 백의종군한 모습에서 볼 수 있다. 웬만한 사람이면 남을 원망하거나 자포자기하거나 자살했겠지만 그는 묵묵히 참고 기회를 기다렸다. 그는 여유와 관용이 있었다. 전쟁 중에도 시를 읊을 줄 아는 여유를 지녔다. 한국 수군이 잡은 수백 명의 일본군 포로들에게 일을 시키면서도 때로는 술을 베풀기도 했다.

그는 기록을 잘하였다. 매사에 기록하는 것은 좋은 시간관리 습관이다. 그는 임진왜란 7년의 와중에서 쉬지 않고 일기를 써 귀중한 《난중일기》를 남겼다. 그는 또 조정에 전쟁 상황을 생생하게 보고했는데 이 기록도 오늘날 남아 있다.

그런 기록들을 남겨두지 않았다면 후세에 큰 문화유산을 물려주지 못했음은 물론 자신의 전투에서까지 혼란과 시행착오를 거듭했을 것이다. 그가 명장으로 추앙받는 이유 가운데 중요한 것은 그의 철저한 기록정신이라고 한다.

그는 아이디어가 탁월했다. 그는 전쟁으로 이리저리 피난하면서 굶주리는 백성들, 부족한 군량미에 늘 허덕이는 군사들을 살리기 위해 머리를 썼다. 그는 조정에 요청하여 말을 키우는 목장에 피난민들을 정착시켜 농사를 짓게 하였다.

나중에는 나이 많은 군인도 농사에 참여하게 했으며 심지어 군사들에게 휴가를 주어 농사를 짓게 했다. 그래서 백성의 굶주림도 면하게 하고 군량미도 확보할 수 있어 일석이조—石二鳥의 효과를 거두었다. 이런 아이디어는 모두 그가 백성과 국가를 사랑했기 때문에 나온 것이었다.

그는 총체적integrity인 리더십을 갖추었다. 위기 상황에서는 리더십이 전부라고 할 수 있다. 그의 탁월한 리더십이 아니고는 명량대첩에서 12척의 배로 200척의 일본군함을 물리친다는 것은 상상할 수 없다.

임진왜란 당시 이순신 장군에게 참패한 일본 사람들은 메이지유신 이후 해군을 획기적으로 강화하기 위해 세계 제일의 것을 본받으려는 벤치마킹에 많은 노력을 기울였다. 따라서 이순신 장군의 정신과 전략을 깊이 연구했으며 또 그를 존경해 마지않았다.

우리는 이순신 장군의 전략을 연구하지도 않고, 활용하지도 않아 일제에 나라를 빼앗기고 말았다. 참으로 부끄러운 역사의 아이러니가 아닐 수 없다.

이 지구상에서 지정학적으로 최악의 상황에 놓인 우리나라는 늘 주변국을 향한 경계의 태세를 늦추어서는 안 되는데 그런 면에서 이순신 장군은 우리가 닮아야 할 훌륭한 역할모델이다. 온 국민이 이순신 장군의 애국심, 유비무환 정신, 인격, 실력을 배워야 하고 탁월한 시간관리법도 본받을 필요가 있다.

다산 정약용

최근 일본의 한 명사가 다산 정약용丁若鏞을 연구한 후에 "만약 정약용이 당시에 영의정이 되어 국사를 처리했더라면 오늘의 일본은 한국에 예속되었을 것이다"라는 말을 했다. 정약용이 얼마나 대단한 존재인지 단적으로 표현하는 말이다.

다산 정약용은 1762년 경기도 남양주에서 태어나 1836년에 서거했다. 그는 자신이 살아가던 세상을 온통 썩고 부패한 시대라고 평했다. 그는 타락한 세상을 치유하기 위해 개혁안을 마련했고 방대한 저술을 하였다. 극히 어려운 상황에서도 좌절하지 않고 큰 업적을 남긴 그는 가히 시간관리의 달인이라고 할 수 있다.

다산은 소년시절부터 둘째 형 약전과 함께 과거를 보기 위해 열심히 공부했다. 그의 아버지가 화순 현감으로 있을 때, 17세 된 그는 동림사라는 절에서 책을 많이 읽었는데 40일 만에 '맹자' 한 절을 모두 읽었다고 한다.

이때 네 살 위인 둘째 형 약전과 함께 많은 토론을 했는데 요순시대의 이상사회를 어떻게 이룰 것인가에 대한 이야기를 주로 나누었다. 18세에 고향으로 돌아가서 과거 과목에 해당하는 온갖 종류의 책을 읽으며 습작에 열중한 결과 그해 겨울에 승보시陞補試에 합격했다.

22세의 젊은 나이에 좋은 성적으로 진사과에 합격한 다산은 그로써 정조를 만날 수 있었고, 성균관에 들어가 하고 싶은 공부를 마음껏 하면서 궁중의 귀중한 도서들을 열람할 수 있었다. 전국의 선비들과 교제하면서 마음껏 시 짓고 글 짓는 재주를 자랑할 수 있었다.

그는 이승훈의 영향으로 천주교에 깊이 빠졌고 서양학문을 접할 기회를 갖게 되었다. 천문, 역상, 농정, 수리, 측량 등에 깊은 관심을 갖게 되었다. 천주교와 연관해 그가 서양과학에 눈을 뜬 일은 그의 실학사상에 지대한 영향을 미쳤다. 그는 천주교와 접했다는 이유로 가혹한 탄압을 받았지만 과학사상을 습득해 학문의 영역이 확대되고 더 진보적일 수 있어서 다행이었다.

그는 28세에 문과에 급제해 큰 기쁨을 얻었다. 비로소 임금과 함께 나라를 다스리는 벼슬길이 열리게 된 것이다. 그는 대과에 급제하는 과정에서 임금의 총애를 받았는데 이는 그가 천재성과 더불어 엄청난 노력을 했기 때문이다. 그는 수많은 책을 읽고 제가백가의 서적을 섭렵하며 온갖 노력을 다했다. 이미 그 시절에 그의 학문은 수준 높은 체계가 서 있었고 상당한 경지에 이르렀다. 그래서 정조는 칭찬을 아끼지 않았다.

그는 아이디어가 풍부한 사람이었다. 한강에 배다리(舟橋)를 놓는 역사가 있었는데, 다산은 그 공법을 설명하는 글을 올려 일이 제대로 이루어지도록 조치를 취했다. 그래서 큰 공을 세웠다. 임금은 이 일을 기억하고 성 쌓는 규제를 올리라고 명령했다.

다산은 중국의 윤경이 지은 《보약》이라는 책과 유성룡이 지은 《성설》이라는 책을 참고해 가장 좋은 방법의 성체를 기술하여 정조에게 바쳤다. 정조는 궁중에 비장해 둔 중국 책을 다산에게 내려보내 무거운 물건을 끌고 가고 위로 올리는 방법을 연구하도록 했다.

다산은 정조에게 자신이 연구한 바를 바쳤다. 도르래나 수레바퀴 등을 이용해 무겁고 큰 물건을 편하게 옮기거나 위로 올릴 수 있는 거중기를 창안해낸 것이다. 그로써 화성이 단시일에 완성되었는데 10년 걸릴 공사를 2년 만에 완공하였다. 그리고 거중기를 이용해 경비가 4만 냥 절약되었다.

그는 한때 암행어사 직분을 맡아 업무를 충실하게 이행했는데 당시 경기 관찰사로 근무하고 있던 서용보라는 사람을 탐지해 문제 삼았다. 이런 일로 나중에 영의정까지 된 서용보에게 계속해서 피해를 당했다.

오랫동안 유배생활을 해야 했고 풀려날 기회도 많았지만 서용보의 방해로 매번 좌절되었다. 서용보의 방해가 없었더라면 다산의 생애는 완전히 다른 방향으로 바뀌었을 것이고 조선의 운명도 달라졌을 것이다. 영의정이었지만 소인배에 불과했던 서용보 때문에 조선의 앞날에 먹구름이 드리우게 된 것이다.

다산은 정조가 죽자 18년이나 유배생활을 했다. 하루아침에 죄인으로 몰려 전남 강진으로 유배되었다. 감옥과 같은 그곳에서 그는 복사뼈에 구멍이 세 번이나 날 정도로 치열하게 생명을 걸고 공부를 했다. 그는 지독한 공부벌레였다. 엄청나게 독서를 많이 하고 책을 엄청나게 많이 썼다. 그는 《목민심서》를 비롯하여 550권 이상을 저술했는데 상당부분이 유배생활을 하는 동안 집필한 것이다.

그는 식구에게도 관심과 사랑을 가졌다. 그는 자녀를 아홉 명(6남 3녀)이나 낳은 다산한 아버지였지만 너무나 비극적인 아버지였다. 오랜 유배생활로 자녀들을 제대로 돌보아주지 못했다. 그러나 그는 고민만 하지 않고 궁핍한 유형지에서 항상 희망의 끈을 놓지 않고 편지와 가정의 계율로 자식들을 가르쳐 내일을 도모했다. 그는 인간에 대한 따듯한 사랑을 가지고 그 마음을 백성들에게 확산시켰다.

그는 매우 부지런하였다. 그는 애제자였던 황상에게 '부지런하고, 부지런하고, 부지런하라'는 삼근三勤의 말을 남겼다. 그는 근면의 교훈을 자식들에게도 남겼다. 부지런하다면 먹고살 방도는 누구에게나 있다는 것이 그의 생각이었다. 그런 까닭에 하늘은 게으른 자를 미워하여 벌을 내려 죽이는 것이라고 두 아들을 가르쳤다.

다산은 근검에 대해 자세하게 설명하였다. 부지런함(勤)이란 오늘 할 수 있는 일을 내일로 미루지 않고, 아침에 할 수 있는 일을 저녁때까지 미루지 말며, 갠 날 해야 할 일을 비 오는 날까지 끌지 말며, 비 오는 날 해야 할 일을 날이 갤 때까지 지연하지 않는 것이라고 했다.

그는 평생 가난하게 살면서도 도덕적 완전주의자를 지향하였다. 꿈속에서까지 미인의 유혹을 뿌리쳤다. 평상시 내면세계가 극기와 결백성으로 항상 무장되어 있었기 때문이다. 그는 자기관리를 철저히 하였는데 예를 들면 음주 때문에 실수를 하지 않았나.

다산은 '술은 나라를 망치고 가정을 파탄'시키는 만큼 아들에게 금주하라고 요구하였다. 그는 자식을 가르칠 때 좋은 것과 나쁜 것, 가릴 것과 가리지 않아도 될 것, 중요한 것과 덜 중요한 것을 항상 구분해서 일러주었으며, 구체적인 예를 들어 확실히 이해할 수 있게 했다.

그는 500년 조선왕조가 배출한 가장 위대한 선각자다. 그는 유배 생활을 하면서도 민초들이 겪는 고초를 자신의 일로 받아들이면서 낡고 병든 나라를 개혁해 새로운 조선을 만들고자 치열하게 고민했다. 자유가 없었지만 항상 큰 꿈을 지니고 살았다. 그는 항상 애민愛民사상을 지니고 살았다. 그리고 통치자의 존재이유는 백성을 유익하게 하는 것이라는 신념을 가졌다.

그의 사상은 진보적이고 실용적이었다. 그는 어진 일은 행동으로 옮겨야 인仁을 행함이 되어 결과나 효과가 나온다고 주장했다. 이 실학을 받아들이지 못한 조선은 통째로 썩어 들어갔고 온통 망해 나라를 잃는 비극을 겪어야만 했다.

넬슨 만델라

남아프리카공화국 대통령을 지낸 넬슨 만델라Nelson Mandela는 특유의 여유, 인내, 기다림으로 꿈을 달성한 좋은 모델이다. 몇 년 전 텔레비전 화면에 90세를 맞아 많은 사람에게 둘러싸여 축하를 받는 만델라의 모습이 비쳐졌다. 온갖 역경을 다 겪고 고령에도 의연한 모습이 참으로 위인다워 보였다.

1918년 남아프리카 트란스케이 움타타에서 태어난 그는 이름을 두 개 가지고 있다. 영국식 이름인 넬슨과 아버지가 지어준 아프리카 이름인 롤리랄라가 그것이다. 여기서는 그의 기나긴 감옥생활 동안 그가 어떻게 시간을 잘 관리했는지 알아보고자 한다.

44세 때인 1962년에 그의 감옥생활이 시작되었다. 많이 고생했지만 그는 꿈을 잃지 않고 감옥에서 자기가 할 수 있는 모든 것을 했다. 그는 감옥에서 27년 6개월을 견디었다. 그중에 로빈이란 섬의 감옥에서 18년을 지냈다.

하지만 그는 매우 건강했다. 사람들은 대부분 감옥에 가면 건강도 나빠지고 정신도 쇠퇴해진다. 그런데 이상하게도 만델라는 건강도 더 좋아졌고, 지식도 풍부해졌고 모든 면에서 성숙해졌다. 도대체 그는 어떻게 그 오랜 세월을 견디고 그토록 위대한 업적을 남길 수 있었을까?

그 핵심적인 요인은 그의 낙관주의였다. 그런 성품을 그가 타고났는지는 몰라도 그는 항상 머리를 태양을 향해 치켜들고 발을 내디뎠다. 그는 이렇게 말했다.

"인간성에 대한 나의 신념이 혹독한 시련을 겪는 어두운 순간도 많았다. 그러나 나는 절망에 굴복하지 않으려 했고 굴복할 수도 없었다. 그것은 곧 패배와 죽음의 길이었기 때문이다."

그는 준비만 잘한다면 언젠가는 자유인이 되어 아프리카 대지를 두 발로 걸을 것이라는 희망찬 사고를 갖고 있었다. 처음에는 열악했던 감옥생활이 여러 번의 감옥 투쟁으로 점점 개선되고, 교도관과도 친하게 지내면서 로빈 섬은 정치범들의 대학 같은 느낌이 들 정도였다.

그가 감옥에서 어떻게 견디었는지 살펴보는 것은 흥미로운 일이다. 그는 감옥에서 채소밭을 만들었다. 묘목을 구해 나무도 심었다. 그는 밭을 가꾸면서 인생철학을 배웠다. 씨를 뿌리고 수확을 거두는 원리를 채소를 가꾸면서 배웠다.

한번은 실수로 묘목이 죽었을 때 그 묘목을 캐내어 물로 씻어 정원 한구석에 묻어주기도 했다. 그리고 그는 생애에서 반드시 해야 할 것이 운동이라고 했다. 젊은 시절, 그는 수준 높은 복서였다. 감옥에서 그는 이전에 했던 규칙적인 권투연습과 유산소운동, 무산소운동을 했다. 감방 안에서 제자리달리기 매일 45분, 손가락 짚고 팔굽혀펴기 200회, 윗몸일으키기 100회, 허리 굽히기 50회 이상을 했다. 감옥생활은 인간을 무기력하고 게으르게 만든다. 다른 젊은 수감자들은 늙은 만델라가 운동하는 모습을 보고 자극을 받아 운동을 하기 시작했다.

그가 들어간 로빈섬 감옥의 길이는 겨우 세 걸음을 옮길 수 있는 정도였다. 누우면 머리와 발이 벽에 닿았다. 바닥이 눅눅해서 추웠고 얇은 담요 석 장과 짚으로 만든 깔개로는 추위를 물리칠 수 없었다. 게다가 변기는 없고 발리라는 양철통이 있을 뿐이었다.

감옥생활을 하면서 그는 날짜를 정확하게 계산하기 위해 벽에다 달력을 만들었다. 시간감각을 잃게 되면 자기 자신을 통제할 수 없게 되고 정신 건강에도 해롭다고 판단했기 때문이다.

감옥에서의 일은 무척 힘들었는데 새벽 5시 30분에 일어나야만 했다. 아침식사가 끝나면 운동장에 나가 돌을 깨는 작업을 했다. 점심을 먹은 뒤에도 오후 4시까지 뙤약볕 아래에서 일을 해야 했다. 일이 끝난 후 바닷물 목욕을 하는 것으로 겨우 더위를 식힐 수 있었다. 그는 채석장까지 오가는 길에서 즐거움을 찾으려고 했다. 그는 일을 하면서도 머리 위로 날아가는 새와 바닷바람을 느끼며 즐거운 기분으로 일했다. 늘 긍정적인 생각과 여유를 지니고 생활했다.

만델라는 변기로 사용하는 양철통을 씻을 때 그 시간을 이용해서 동료들과 이야기를 나누었고 목욕시간은 대화를 나누는 시간으로 활용했다. 그는 틈틈이 미래에 대한 계획을 짜고 토론과 웅변연습도 꾸준히 했다. 그리고 동료들과 함께 배움의 시간도 매일 가졌다.

그 방식은 이러했다. 매일 각자가 한 주제에 대해서 연구하고 그것을 동료들 앞에서 발표하는 방법이었다. 이런 학습을 통해서 기쁨을 얻게 되고 지식을 쌓고 토론하는 능력도 갖추게 되었다. 그는 자신이 있는 곳을 변화시키는 인물이었다. 작은 변화가 큰 변화를 몰고 오기 마련이다.

그는 1990년 2월 11일, 평소보다 이른 새벽 4시 30분에 일어났다. 당일 석방되는 기쁨 때문만이 아니라 앞으로 해야 할 일들 때문에 잠을 이룰 수 없었던 것이다. 만델라는 오후 4시가 넘어서 아내 위니의 손을 잡고 교도소 정문을 나섰다. 다시 새로운 인생이 시작되었다. 만델라는 그간 감옥에서의 감상을 이런 문장으로 남겼다.

"비록 일흔한 살이지만 나는 내 인생이 이제 막 새롭게 시작되는 것을 느꼈다. 10,000일 동안의 교도소 생활은 이제 끝이 났다."

만델라는 1993년 당시 대통령 데 클레르크 남아공 대통령과 함께 노벨평화상을 받았다. 1994년 흑인 최초 남아공 대통령이 된 후 진실과 화해위원회를 구성해서 과거 인권침해 범죄의 진실을 밝히고

죄지은 자들을 모두 사면했다. 경쟁자들을 내각의 일원으로 받아들이며 정치적 포용력을 발휘한 것은 유명하다. 과거사를 참 잘 해결한 위인이다. 만델라는 진정한 자유를 원했고 맡은 일을 다했다.

그는 제도와 환경과 시대에 굴복하지 않고 그것들을 다스려나갔다. 미래를 위해 준비하고 또 준비했다. 어느 날 엄청나게 큰 기회가 그에게 성큼 다가왔다. 자유세계에 사는 사람은 설령 환경이 매우 열악하더라도 만델라가 겪은 환경보다는 백배 천배 좋을 것이다. 그러므로 하찮은 난관이 닥쳐올 때 고민하거나 낙담한다면 그것은 일종의 사치가 아닐까?

주간계획표

이번 주 주요 목표

1

2

3

4

5

6

이번 주 주요 회의, 모임, 약속

1

2

3

4

5

6

월	화
아침 ————	아침 ————
7 ————	7 ————
8 ————	8 ————
9 ————	9 ————
10 ————	10 ————
11 ————	11 ————
12 ————	12 ————
1 ————	1 ————
2 ————	2 ————
3 ————	3 ————
4 ————	4 ————
5 ————	5 ————
6 ————	6 ————
7 ————	7 ————
저녁 ————	저녁 ————
기타 ————	기타 ————

수	목	금	토	일
아침 ——	아침 ——	아침 ——	아침 ——	아침 ——
7 ——	7 ——	7 ——	7 ——	7 ——
8 ——	8 ——	8 ——	8 ——	8 ——
9 ——	9 ——	9 ——	9 ——	9 ——
10 ——	10 ——	10 ——	10 ——	10 ——
11 ——	11 ——	11 ——	11 ——	11 ——
12 ——	12 ——	12 ——	12 ——	12 ——
1 ——	1 ——	1 ——	1 ——	1 ——
2 ——	2 ——	2 ——	2 ——	2 ——
3 ——	3 ——	3 ——	3 ——	3 ——
4 ——	4 ——	4 ——	4 ——	4 ——
5 ——	5 ——	5 ——	5 ——	5 ——
6 ——	6 ——	6 ——	6 ——	6 ——
7 ——	7 ——	7 ——	7 ——	7 ——
저녁 ——	저녁 ——	저녁 ——	저녁 ——	저녁 ——
기타 ——	기타 ——	기타 ——	기타 ——	기타 ——

일일계획표(A)

시간	활동
아침시간	
오전 8:00~12:00	
점심시간	
오후 1:00~6:00	
저녁시간	
약속, 모임 기억해야 할 것들	

일일계획표(B)

해야 할 일(오늘의 주요 업무)

_____

_____

_____

_____

_____

회의, 모임, 약속

_____

_____

_____

만나야 할 사람

_____

_____

_____

_____

전화할 곳

누구에게 : _____

전화번호 : _____

기타

_____

_____

시간	
6:00	_____
:30	_____
7:00	_____
:30	_____
8:00	_____
:30	_____
9:00	_____
:30	_____
10:00	_____
:30	_____
11:00	_____
:30	_____
12:00	_____
:30	_____
1:00	_____
:30	_____
2:00	_____
:30	_____
3:00	_____
:30	_____
4:00	_____
:30	_____
5:00	_____
:30	_____
6:00	_____
:30	_____
7:00	_____
:30	_____
8:00	_____
:30	_____
9:00	_____
:30	_____
10:00	_____
:30	_____
11:00	_____
:30	_____
12:00	

중앙경제평론사 Joongang Economy Publishing Co.
중앙생활사 | 중앙에듀북스 Joongang Life Publishing Co./Joongang Edubooks Publishing Co.

중앙경제평론사는 오늘보다 나은 내일을 창조한다는 신념 아래 설립된 경제·경영서 전문 출판사로서
성공을 꿈꾸는 직장인, 경영인에게 전문지식과 자기계발의 지혜를 주는 책을 발간하고 있습니다.

성공하는 사람들의 **시간관리 습관** 〈개정증보판〉

초판 1쇄 발행 | 2013년 4월 22일
초판 7쇄 발행 | 2016년 3월 15일
개정증보판 1쇄 발행 | 2019년 3월 22일
개정증보판 2쇄 발행 | 2021년 8월 10일
개정증보2판 1쇄 인쇄 | 2024년 5월 15일
개정증보2판 1쇄 발행 | 2024년 5월 20일

지은이 | 유성은(SeongEun Yoo)·유미현(MiHyun Yoo)
펴낸이 | 최점옥(JeomOg Choi)
펴낸곳 | 중앙경제평론사(Joongang Economy Publishing Co.)

대　표 | 김용주
편　집 | 한옥수·백재운·용한솔
디자인 | 박근영
인터넷 | 김회승

출력 | 영신사　종이 | 한솔PNS　인쇄·제본 | 영신사

잘못된 책은 구입한 서점에서 교환해드립니다.
가격은 표지 뒷면에 있습니다.

ISBN 978-89-6054-332-4(03320)

등록 | 1991년 4월 10일 제2-1153호
주소 | ⑨ 04590 서울시 중구 다산로20길 5(신당4동 340-128) 중앙빌딩
전화 | (02)2253-4463(代)　팩스 | (02)2253-7988
홈페이지 | www.japub.co.kr　블로그 | http://blog.naver.com/japub
네이버 스마트스토어 | https://smartstore.naver.com/jaub　이메일 | japub@naver.com
♣ 중앙경제평론사는 중앙생활사·중앙에듀북스와 자매회사입니다.

도서
주문
www.japub.co.kr
전화주문: 02) 2253 - 4463

https://smartstore.naver.com/jaub
네이버 스마트스토어

중앙경제평론사/중앙생활사/중앙에듀북스에서는 여러분의 소중한 원고를 기다리고 있습니다. 원고 투고는 이메일을
이용해주세요. 최선을 다해 독자들에게 사랑받는 양서로 만들어드리겠습니다.　**이메일** | japub@naver.com